John Stevens

Fehlerfrei Englisch

Das Übungsbuch zum Verlernen typischer Fehler

Wortschatz
Grammatik
Präpositionen

ANACONDA

Die Originalausgabe erschien 2001 im Hueber Verlag, Ismaning.
Lizenzausgabe mit freundlicher Genehmigung des Hueber Verlags,
D-85737 Ismaning bei München

Die Deutsche Nationalbibliothek verzeichnet diese Publikation
in der Deutschen Nationalbibliografie; detaillierte bibliografische
Daten sind im Internet unter http://dnb.d-nb.de abrufbar.

© dieser Ausgabe 2008 Anaconda Verlag GmbH, Köln
Alle Rechte vorbehalten.
Umschlaggestaltung: Druckfrei. Dagmar Herrmann, Köln
Satz: Design-Typo-Print GmbH, Ismaning
Printed in Czech Republic 2008
ISBN 978-3-86647-261-7
info@anaconda-verlag.de

Vorwort

„Ich möchte mein Englisch verbessern."

„Ich mache beim Englischsprechen immer wieder dieselben typisch deutschen Fehler."

„Meine Muttersprache stellt mir immer wieder eine Falle, wenn ich Englisch rede, und ich tappe immer wieder hinein."

„Bestimmte Sachverhalte werden im Deutschen und im Englischen ganz ähnlich ausgedrückt, andere aber völlig unterschiedlich, und das führt immer wieder zu Fehlern. Ich möchte gezielt an diesen Fehlerquellen arbeiten, um sie in Zukunft zu vermeiden."

Erkennen Sie sich in der einen oder anderen Aussage wieder? Wenn ja, dann halten Sie das richtige Buch in der Hand, denn es trainiert das Verlernen typisch deutscher Fehler in den drei wichtigen Bereichen Wortschatz, Grammatik und beim Gebrauch der Präpositionen. Und weil alle guten Dinge drei sind, können Sie auch auf dreierlei Art und Weise mit dem Buch arbeiten: Sie können damit a) lernen, b) üben und c) Ihren Lernerfolg in Tests kontrollieren.

Auf der nächsten Seite machen wir Ihnen Vorschläge, wie Sie am besten vorgehen.

1. Sie wählen (s. Inhaltsverzeichnis S. 5–7) einen Bereich aus, den Sie gezielt bearbeiten möchten. Oder Sie entscheiden sich dafür, das gesamte Buch nach und nach von vorne bis hinten systematisch durchzuarbeiten.
2. Sie lesen die Hinweise und Erklärungen zu Beginn jedes Kapitels bzw. Stichworts und achten dabei besonders auf die Informationen, die mit dem Pfeil gekennzeichnet sind. Diese verweisen auf die jeweilige Fehlerquelle.
3. Sie bearbeiten die Übungssätze, kontrollieren dann anschließend Ihre Lösungen durch Vergleich mit dem (bis dahin sinnvollerweise abgedeckten) Schlüssel, den Sie auf jeder Doppelseite unten rechts finden.
4. Sie markieren ggf. die Übungssätze, die noch nicht korrekt gelöst wurden, um sie zu einem späteren Zeitpunkt zu wiederholen.
5. Nach Abschluss eines Kapitels bearbeiten Sie zur Erfolgskontrolle den dazugehörigen Test.

Sie werden merken, wie die typischen Fehler nach und nach aus Ihrem Englisch verschwinden und Sie sich Ihrem Ziel immer mehr nähern: Fehlerfrei Englisch.

Good luck, viel Erfolg!

Inhaltsverzeichnis

1 Wortschatz

1.1 Nur so weit, aber nicht weiter! **10**
Deutsch-englische Wortpaare, deren Bedeutung
sich nur teilweise deckt
Test

1.2 Wer die Wahl hat, hat die Qual **36**
Ein Wort im Deutschen – mehrere Wörter im Englischen
Test

1.3 Achtung, falscher Freund! **78**
Deutsch-englische Wortpaare, die gleich aussehen,
aber Unterschiedliches bedeuten
Test

1.4 Eins plus eins ist nicht gleich zwei **98**
Trügerische Zusammensetzungen und Wendungen
Test

1.5 Zum Verwechseln ähnlich! **132**
Englische Wortpaare und -gruppen, die man
leicht verwechselt
Test

2 Grammatik

2.1 Alles nicht so einfach mit dieser einfachen Form **150**
Einfache Form und Verlaufsform des Verbs
Test

2.2	**Dieses *do* ist doch überall**	**154**
	Fragebildung und Verneinung mit *do*	
	Test	
2.3	**Die verflixten unregelmäßigen Verben**	**158**
	Unregelmäßige Verben I	
	Test	
2.4	**Noch mehr unregelmäßige Verben**	**162**
	Unregelmäßige Verben II	
	Test	
2.5	**Die perfekte Vergangenheit gibt es nicht**	**166**
	Present Perfect und *Past Tense*	
	Test	
2.6	**Seit anno dazumal und immer noch *Present Perfect***	**170**
	Present Perfect mit *since* und *for*	
	Test	
2.7	**Kein Infinitiv (weder mit noch ohne *to*), sondern *-ing*** ...	**173**
	Die *-ing*-Form (Gerundium) I	
	Test	
2.8	**Weder Infinitiv noch *that*, sondern noch einmal *-ing*** ...	**176**
	Die *-ing*-Form (Gerundium) II	
	Test	
2.9	**Wenn nur das Wörtchen „wenn" nicht wäre**	**180**
	if-Sätze	
	Test	
2.10	**Mal mit und mal ohne *-ly***	**183**
	Adjektiv und Adverb	
	Test	

3 Präpositionen

Heißt es *at,* *on* **oder etwa** *to***?**

3.1	Wendungen mit Präpositionen von A – D	188
	Test	
3.2	Wendungen mit Präpositionen von E – I	202
	Test	
3.3	Wendungen mit Präpositionen von J – N	218
	Test	
3.4	Wendungen mit Präpositionen von O – S	230
	Test	
3.5	Wendungen mit Präpositionen von T – Z	242
	Test	

Register **253**

1 Wortschatz

1.1 Nur so weit, aber nicht weiter! **10**
Deutsch-englische Wortpaare, deren Bedeutung sich nur teilweise deckt
Test

1.2 Wer die Wahl hat, hat die Qual **36**
Ein Wort im Deutschen – mehrere Wörter im Englischen
Test

1.3 Achtung, falscher Freund! **78**
Deutsch-englische Wortpaare, die gleich aussehen, aber Unterschiedliches bedeuten
Test

1.4 Eins plus eins ist nicht gleich zwei **98**
Trügerische Zusammensetzungen und Wendungen
Test

1.5 Zum Verwechseln ähnlich! **132**
Englische Wortpaare und -gruppen, die man leicht verwechselt
Test

1.1 Wortschatz

1.1 Nur so weit, aber nicht weiter!
Deutsch-englische Wortpaare, deren Bedeutung sich nur teilweise deckt

Ergänzen Sie.

allein – *alone*

> → • allein (ohne Anwesenheit anderer, einsam) = *alone*
> • allein (ohne fremde Hilfe) = *on my/his/… own, by my-/him-/…self*

1. Sie war nicht **allein**. Sie lag auf dem Sofa mit – ach, das sage ich besser nicht.
   She was not _____ . She was lying on the sofa with – oh, I'd better not say.

2. Diesen Schrank habe ich **allein** gebaut. – Genauso sieht er auch aus!
   I built this cupboard _____ . – That's just what it looks like.

3. Sein Arm ist gebrochen. Er kann sich nicht **allein** anziehen.
   His arm is broken. He can't get dressed _____ .

beißen – *bite*

> → • beißen (mit den Zähnen) = *bite*
> • beißen (Farben) = *clash*

1. So kannst du nicht gehen. Die Krawatte und das Hemd **beißen** sich furchtbar. Du siehst unmöglich aus.
   You can't go like that. The tie and the shirt _____ terribly. You look awful.

2. In der Zeitungsüberschrift stand „Mann **beißt** Hund".
   In the newspaper headline it said "Man _____ dog".

3. Ich finde, der Hintergrund und die rote Schrift **beißen** sich.
   I think the background and the red text _____ .

Nur so weit, aber nicht weiter! 1.1

bringen – *bring*

> - bringen (herbringen) = *bring*
> - bringen (hinbringen, wegbringen) = *take*
>   (jeweils von dort aus, wo sich der Sprecher effektiv oder gedanklich befindet)
> - bringen (ins Bett bringen) = *put (to bed)*

1. Wenn ich das nächste Mal hinfahre, **bringe** ich ihnen die Fotos mit.
   When I go there next time, I'll _____ them the photos.

2. **Bringst** du mich zum Bahnhof?
   Will you _____ me to the station?

3. Wer **bringt** die Kinder **ins Bett**?
   Who is going to _____ the children to bed?

4. Ihr braucht kein Bettzeug mitzu**bringen**, wir haben genug.
   You don't need to _____ any bedding, we've got enough.

5. Ich **bringe** dich nach Hause. Das liegt auf meinem Weg.
   I'll _____ you home. It's on my way.

Brot – *bread*

> - Brot (geschnitten oder als Laib) = *bread*
> - Brot (belegtes, Klapp-) = *sandwich*

1. Wie viele **Brote** soll ich dir einpacken?
   How many _____ shall I pack you?

2. Ein Käse**brot** oder ein Schinken**brot**?
   A cheese _____ or a ham _____ ?

---

allein [1]alone [2]on my own / by myself [3]on his own / by himself
beißen [1]clash [2]bites [3]clash **bringen** [1]take [2]take [3]put [4]bring [5]take
Brot [1]sandwiches [2]sandwich, sandwich

1.1 Wortschatz

delikat – *delicate*

→ • delikat (heikel) = *delicate*
  • delikat (wohlschmeckend) = *delicious*

1 Das ist eine sehr **delikate** Angelegenheit. Sag du es ihr lieber.
This is a very _____ matter. It's better if you tell her.

2 Mhm. Die Soße ist richtig **delikat**.
Mhm. The sauce is really _____ .

dick – *thick*

→ • dick (mit überdurchschnittlichem Durchmesser – bei Sachen) = *thick*
  • dick (beleibt) = *fat*
  • dick (üppig in Bezug auf Geld) = *big fat*
  • dick (Fehler) = *big*

1 Sie fährt ein **dickes** Auto. Als Broker hat sie bestimmt ein **dickes** Gehalt.
She drives a _____ car. As a broker I bet she has a _____ salary.

2 Wir haben einen **dicken** Fehler gemacht.
We've made a _____ mistake.

3 Wie **dick** sind die Mauern, weißt du das?
How _____ are the walls, do you know?

4 Er ist so **dick**, er kann die eigenen Füße nicht mehr sehen.
He's so _____ , he can't see his own feet any more.

5 Torten und Kuchen **machen dick**.
Gateaus and cakes make you _____ .

Übrigens: ein dicker Kuss = *a **big** kiss*; dicke Freunde = ***close** friends*; eine dicke Rechnung = *a **hefty** bill*

Nur so weit, aber nicht weiter! 1.1

falsch – *false*

→ • falsch (unwahr, unecht) = *false*
  • falsch (fehlerhaft, nicht korrekt) = *wrong*

1 Sind diese Sätze richtig oder **falsch**?
   Are these sentences right or _____ ?

2 Wir sind zur **falschen** Zeit gekommen.
   We've come at the _____ time.

3 Der Mann gab absichtlich eine **falsche** Adresse an.
   The man deliberately gave a _____ address.

4 Er fuhr auf der **falschen** Straßenseite.
   He was driving on the _____ side of the road.

5 Im Lebenslauf gab sie ein **falsches** Geburtsdatum an.
   In her CV she gave a _____ date of birth.

Fotografie – *photography*

→ • Fotografie (Tätigkeit, Hobby) = *photography*
  • Fotografie (Foto, Bild) = *photograph*

1 Seine besten **Fotografien** sind in der Ausstellung zu sehen.
   His best _____ can be seen in the exhibition.

2 **Fotografie** war seine große Leidenschaft.
   _____ was his great love.

---

delikat [1]delicate [2]delicious **dick** [1]big fat, big fat [2]big [3]thick [4]fat [5]fat
falsch [1]wrong [2]wrong [3]false [4]wrong [5]false **Fotografie** [1]photographs
[2]Photography

1.1 Wortschatz

frisch – *fresh*

> • frisch (kühl / kalt, rein – Eigenschaft von etwas) = *fresh*
> • frisch (kühl / kalt – Empfinden von Menschen) = *cool/cold*

1. Es wehte eine **frische** Brise.
   A _____ breeze was blowing.

2. Mir ist es etwas zu **frisch** ohne Pullover.
   It's a bit too _____ for me without a pullover.

3. Ich brauche etwas **frische** Luft. Ich gehe zehn Minuten spazieren.
   I need some _____ air. I'm going for a ten-minute walk.

Glas – *glass*

> • Glas (Material, Trinkgefäß, Getränk) = *glass*
> • Glas (Aufbewahrungsgefäß mit Deckel) = *jar*

1. ein **Glas** Honig / Oliven / Marmelade
   a _____ of honey/olives/jam

2. Nimm doch ein anderes **Glas** für den Rotwein.
   Let's have a different _____ for the red wine.

golden – *golden*

> • golden (im übertragenen Sinne) = *golden*
> • golden (sachlich: „aus dem Material Gold", „goldfarben") = *gold*

1. Eine **goldene** Uhr und **goldene** Ohrringe im Wert von mehr als $ 5000 wurden entwendet.
   A _____ watch and _____ earrings worth more than $5000 were stolen.

Nur so weit, aber nicht weiter! 1.1

2 Er hat eine **goldene** Regel verletzt, er hat zuerst gesprochen.
He broke a _____ rule by speaking first.

3 Sie feiern nächste Woche ihre **Gold**hochzeit.
They're celebrating their _____ wedding next week.

grillen – *grill*

> • grillen (Kochvorgang drinnen) = *grill*
> • grillen (Kochvorgang draußen) = *barbecue*
> • grillen (Gesamtvorgang draußen – sitzen, kochen, essen) = *have a barbecue*

1 Wollen wir nicht heute Abend **grillen**? Es ist so schön draußen.
Why don't we _____ this evening? It's so nice outside.

2 Wir haben einen Herd mit Grill, weil wir Fleisch oft **grillen** statt braten.
We have a stove with a grill because we often _____ meat instead of frying it.

3 Auf diesem wackligen Ding kannst du doch nicht Steaks für 40 Gäste **grillen**.
You can't _____ steaks for 40 guests on this wobbly thing.

---

frisch ¹fresh ²cool/cold ³fresh **Glas** ¹jar ²glass **golden** ¹gold, gold ²golden ³golden **grillen** ¹have a barbecue ²grill ³barbecue

1.1 Wortschatz

Gymnastik – *gymnastics*

> • Gymnastik (Turnen als Wettkampfdisziplin mit Turngeräten)
>   = *gymnastics*
> • Gymnastik (private Freiübungen) = *exercises*

1 Morgens wenn ich aufstehe, mache ich zuallererst meine **Gymnastik**.
   In the morning when I get up the first thing I do is my _____ .

2 **Gymnastik** ist doch eine olympische Disziplin, oder?
   _____ *is an Olympic discipline, isn't it?*

Haus – *house*

> • Haus (Wohnhaus für 1–2 Parteien) = *house*
> • Haus (Gebäude) = *building*
> • Haus (Firmenräume) = *office*

1 Hohe **Häuser** säumten den Platz.
   Tall _____ *lined the square.*

2 Der Verkaufsleiter ist diese Woche **außer Haus**.
   The sales manager is out of the _____ *this week.*

3 Unsere Wohnung geben wir auf – wir haben ein **Haus** draußen im Grünen gemietet.
   We're giving up our flat. We've rented a _____ *out in the country.*

Nur so weit, aber nicht weiter! 1.1

helfen – *help*

> - helfen (behilflich sein) = *help*
> - helfen gegen (Arzneimittel usw.) = *be good for*
> - nichts helfen (aussichtslos sein) = *be no good*

1 Kamillentee **hilft gegen** Bauchschmerzen.
  Camomile tea _____ stomach-aches.

2 Georg wird uns beim Umzug **helfen**.
  George will _____ us with the move.

3 **Es hilft alles nichts.** Wir müssen bezahlen.
  _____ . We'll have to pay up.

Karte – *card*

> - Karte (zum Schreiben; Spielkarte; bei Fußballfoul) = *card*
> - Karte (Speisekarte) = *menu*
> - Karte (Eintritts-, Fahrkarte) = *ticket*
> - Karte (Landkarte) = *map*

1 Sind noch **Karten** für Dienstagabend da?
  Have you still got _____ for Tuesday evening?

2 Der Tourist sagte: „Ich finde diesen Ort *Umleitung* nicht auf der **Karte**."
  The tourist said, "I can't find this place Umleitung *on the _____ ."*

3 Wollen wir mal ein **Karten**spiel machen?
  Shall we have a game of _____ ?

4 Herr Ober! Können wir bitte noch mal die **Karte** haben?
  Waiter. Can we have the _____ again, please.

Gymnastik [1]exercises [2]Gymnastics **Haus** [1]buildings [2]office [3]house
helfen [1]is good for [2]help [3]It's no good **Karte** [1]tickets [2]map [3]cards [4]menu

1.1 Wortschatz

kochen – cook

→
- kochen (Essen zubereiten, die Fähigkeit dazu) = *cook*
- kochen (sieden, Wasser zum Siedepunkt bringen, Essen in kochendem Wasser kochen im Gegensatz zu einer anderen Zubereitungsart) = *boil*
- kochen (Tee, Kaffee, Suppe) = *make*

1. Möchten Sie ein **gekochtes** Ei?
   Would you like a _____ egg?

2. Es gibt immer noch Männer, die nicht **kochen** können.
   There are still men who can't _____ .

3. Wird das Gemüse **gekocht** oder gebraten?
   Do you _____ the vegetables or fry them?

4. Wer **hat** die Suppe **gekocht**? Sie ist ja völlig versalzen.
   Who _____ the soup? There's far too much salt in it.

5. Das Wasser **kocht**. Soll ich den Tee machen?
   The water's _____ . Shall I make the tea?

6. Wie **kocht** man dieses Gemüse?
   How do you _____ these vegetables?

7. Wir machen mal kurz Pause. Ich **koche** frischen Kaffee.
   We'll take a short break. I'll _____ some fresh coffee.

Komma – comma

→
- Komma (Zeichensetzung in Text) = *comma*
- Komma (in Dezimalzahlen) = *point*

1. Wir haben 6,2 % (sechs **Komma** zwei Prozent) mehr verkauft als im Vorjahr.
   We've sold 6.2 % (six _____ two per cent) more than in the previous year.

Nur so weit, aber nicht weiter! 1.1

2 Der Mann kann nicht schreiben. Wo sind die **Kommas** in diesem Text?
   The man can't write. Where are the _____ in this text?

kommen – *come*

> • kommen (herkommen) = *come*
> • kommen (hinkommen) = *get*
> • kommen (hingehören) = *go*
> • kommen lassen = *send for*

1 Die Adresse **kommt** in die obere rechte Ecke.
   The address _____ in the top right-hand corner.

2 Heute Abend habe ich keine Lust zu kochen. Ich **lasse** Pizza **kommen**.
   I don't fancy cooking this evening. I'll _____ pizza.

3 Wie **komme** ich zum Bahnhof? Das Taxi müsste schon längst da sein.
   How am I going to _____ to the station? The taxi should have been here ages ago.

4 Wo ist euer Auto? – Wir **sind** dieses Mal mit dem Bus **gekommen**.
   Where's your car? – We _____ by bus this time.

5 Sie hat über 40 Fieber. Wir müssen den Arzt **kommen lassen**.
   She's got a temperature of over 40. We'll have to _____ the doctor.

6 Wo **kommen** diese Tassen **hin**? – In den Schrank über der Spüle.
   Where do these cups _____ ? – In the cupboard over the sink.

---

kochen ¹boiled ²cook ³boil ⁴made ⁵boiling ⁶cook ⁷make **Komma** ¹point ²commas **kommen** ¹goes ²send for ³get ⁴came ⁵send for ⁶ go

1.1 Wortschatz

Küche – *kitchen*

→ • Küche (Raum) = *kitchen*
  • Küche (Essen, Kochkunst) = *cuisine*

1. Die englische **Küche** ist besser als ihr Ruf.
   English _____ is better than people think.

2. In der neuen Wohnung haben wir eine große **Küche**.
   In the new flat we have a big _____.

3. In der mediterranen **Küche** werden Fisch, Olivenöl und Knoblauch verwendet.
   Fish, olive oil and garlic are used in Mediterranean _____.

leihen – *lend*

→ • leihen (an jemanden) = *lend*
  • leihen (von jemandem) = *borrow*

1. Vielleicht können wir ein Zelt von jemandem **leihen**, statt eins zu kaufen.
   Maybe we can _____ a tent from someone, instead of buying one.

2. Ich **habe** ihm mal Geld **geliehen**, er hat es aber nie zurückgezahlt.
   I once _____ him some money, but he never paid it back.

3. Vorsichtig, das ist nicht meins. Ich **habe** es **geliehen**.
   Careful, that's not mine. I've _____ it.

Nur so weit, aber nicht weiter! 1.1

lernen – *learn*

> - lernen (generell) = *learn*
> - lernen (für die Schule lernen, Hausaufgaben machen, arbeiten) = *study*

1. Er **lernt** es wohl nie.
   He'll never _____ , will he?

2. Tina ist in ihrem Zimmer und **lernt**.
   Tina's in her room _____ing.

3. Tim **lernt** für die Mathearbeit morgen.
   Tim is _____ing for the maths test tomorrow.

4. Sie ist gut, sie **lernt** schnell.
   She's good, she _____ fast.

Maschine – *machine*

> - Maschine (Gerät) = *machine*
> - Maschine (Flugzeug) = *plane*
> - Maschine (Antriebsmotor) = *engine*

1. Die **Maschine** aus London ist verspätet.
   The _____ from London is delayed.

2. Unsere Wasch**maschine** ist kaputt.
   Our washing _____ is broken.

3. Ich fahre das Modell mit der 1,8-Liter-Diesel**maschine**.
   I drive the model with the 1.8-litre diesel _____.

Küche ¹cuisine ²kitchen ³cuisine **leihen** ¹borrow ²lent ³borrowed **lernen** ¹learn ²studying ³studying ⁴learns **Maschine** ¹plane ²machine ³engine

1.1 Wortschatz

meinen – *mean*

> • meinen (im Sinn haben, sagen wollen) = *mean*
> • meinen (glauben) = *think*

1. Entschuldigung. Ich **habe** das nicht so **gemeint**.
   Sorry. I didn't _____ it like that.

2. Ich weiß, du **hast** es gut **gemeint**.
   I know, you _____ well.

3. Was **meinen** Sie mit „bald"?
   What do you _____ by "soon"?

4. Ich **meine**, dass es schon zu spät ist.
   I _____ it's already too late.

5. Was **meinst** du? – Ich **meine** das auch.
   What do you _____ ?
   – I _____ so, too.

6. Er **hat** dich **gemeint**, nicht mich.
   He _____ you, not me.

Menü – *menu*

> • Menü (Computermenü) = *menu*
> • Menü (feste Speisenfolge) = *special/set lunch/set meal*

1. Ich nehme das **Menü** und ein Glas Rotwein.
   I'll have the _____ and a glass of red wine.

2. Mach das Drucker**menü** auf und klicke auf OK.
   Open the printer _____ and click on OK.

   Beachten Sie: Englisch *menu* bedeutet im Restaurant nicht „Menü", sondern „Speisekarte": *Waiter, can you bring us the menu again, please?*

Nur so weit, aber nicht weiter! 1.1

Motor – *motor*

→ • Motor (eines kleineren Geräts) = *motor*
  • Motor (Antriebsaggregat von Auto, Bus, Flugzeug, Boot, Schiff) = *engine*

1 Das Auto ist dann stehen geblieben. Es war irgendwas am **Motor**.
   Then the car broke down. There was something wrong with the _____ .

2 Ich fuhr hinter einem Bus mit einem stinkenden Diesel**motor** her.
   I drove along behind a bus with a stinking diesel _____ .

3 Er ist ein richtiger Bastler. Er hat den **Motor** eines alten Staubsaugers benutzt.
   He's a real handyman. He used the _____ *of an old vacuum cleaner.*

nächste(r/s) – *next*

→ • nächste(r/s) (zeitlich, räumlich nächstfolgend) = *next*
  • nächste(r/s) (räumlich am nächsten, nächstgelegen) = *nearest*

1 Das **nächste** Mal fahren wir lieber mit dem Zug.
   _____ *time it would be better to go by train.*

2 Wo ist die **nächste** Bank?
   Where's the _____ *bank?*

3 Das **nächste** gute Hotel ist ungefähr einen Kilometer von hier.
   The _____ *good hotel is about a kilometre from here.*

4 Wer wohnt **am nächsten**?
   Who lives _____ ?

---

meinen ¹mean ²meant ³mean ⁴think ⁵think, think ⁶meant
Menü ¹special / set lunch / set meal ²menu **Motor** ¹engine ²engine ³motor **nächste(r/s)** ¹Next ²nearest ³nearest ⁴nearest

1.1 Wortschatz

Natur – *nature*

→ • Natur (natürliche Welt der Pflanzen, Tiere usw.) = *nature*
  • die freie Natur = *the open air, the countryside*

1 Großstadtkinder wissen heute oft wenig von der **Natur**.
  City children today often know little about _____.

2 Am Wochenende bin ich gern in der **Natur**.
  At the weekend I like to be in the _____.

neueste(r/s) – *newest*

→ • neueste(r/s) (Gegenteil von „älteste[r/s]") = *newest*
  • neueste(r/s) (bisher letzte[r/s] in einer Reihe) = *latest*

1 Haben Sie die **neuesten** Nachrichten aus LA gehört?
  Have you heard the _____ news from LA?

2 Ich hab's in der **neuesten** Ausgabe der *Times* gelesen.
  I read it in the _____ edition of the Times.

3 Du musst ein Bombengehalt haben. Du fährst immer das aller-**neueste** Modell.
  You must have a tremendous salary. You always drive the very _____ model.

null – *nil*

→ • null (Punkte-/Torezählung beim Sport, außer beim Tennis) = *nil*
  • null (in Temperaturangaben) = *zero*
  • null (in Dezimalzahlen) = *nought, zero*
  • null (in Telefon- und Kontonummern) = *oh, zero*

1 Es sind 8 Grad unter **null**.
  It's 8 degrees below _____.

Nur so weit, aber nicht weiter! 1.1

2 5,04% = fünf Komma **null** 4 Prozent.
5.04% = five point _____ four per cent

3 Die Kontonummer lautet 131430(= **null**)2768.
The account number is 131430(= _____)2768.

4 Die deutsche Fußballmannschaft hat vier zu **null** gewonnen.
The German football team won four _____ .

5 Meine Telefonnummer ist 4014 (vier **null** eins vier).
My phone number is 4014 (four _____ one four).

Ofen – *oven*

→ • Ofen (Backofen im Herd) = *oven*
• Ofen (zum Heizen) = 1. *stove* (groß, schwer für Holz, Kohle usw.),
 2. *heater* (klein, elektrisch betrieben)

1 Sie haben so einen skandinavischen gusseisernen **Ofen**.
They've got one of those Scandinavian cast-iron _____ s.

2 Wir brauchen einen kleinen **Ofen** für das Badezimmer.
We need a little _____ for the bathroom.

3 Backen Sie die Pizza im **Ofen** bei 200°.
Bake the pizza in the _____ at 200°.

Natur [1]nature [2]open air / countryside **neueste(r/s)** [1]latest [2]latest [3]latest
null [1]zero [2]nought/zero [3]oh/zero [4]nil [5]oh/zero **Ofen** [1]stove [2]heater [3]oven

1.1 Wortschatz

Paar – *pair*

> - Paar (zwei zusammengehörige Dinge, Tiere) = *pair* [Faustregel]
> - Paar (zwei zusammengehörige Personen) = *couple* [Faustregel]
> - ein paar (einige) = *a couple (of)*

1 Welches **Paar** tanzt am besten?
   Which _____ is dancing best?

2 Tina und Gerd sind ein interessantes **Paar**.
   Tina and Gerd are an interesting _____.

3 Sie bleiben **ein paar** Tage dort.
   They're staying there _____ days.

4 Ich brauche ein neues **Paar** Schuhe.
   I need a new _____ of shoes.

Pause – *pause*

> - Pause (kurze Unterbrechung von wenigen Sekunden) = *pause*
> - Pause (Erholungspause, Unterbrechung von einigen Minuten) = *break*

1 Ich brauche eine Kaffee**pause**.
   I need a coffee _____ .

2 Wann machen wir eine **Pause**? Wir arbeiten nonstop seit drei Stunden.
   When are we going to have a _____? We've been working non-stop for three hours now.

3 Es gab eine kurze **Pause**, als er umblätterte.
   There was a short _____ when he turned the page.

4 Es tut mir Leid. Er ist gerade in der Mittags**pause**.
   I'm sorry. He's just having his lunch _____ .

Nur so weit, aber nicht weiter! 1.1

Politik – *politics*

→ • Politik (politisches Leben / Geschehen allgemein, Staatskunst) = *politics*
• Politik (Einstellung / Vorhaben / Handlungsweise in bestimmten Bereichen) = *policy*

1 Die Wirtschafts**politik** dieser Regierung ist miserabel.
   This government's economic _____ is dreadful.

2 Die Ministerin hatte einigen Erfolg mit dieser neuen **Politik**.
   The minister had a certain amount of success with the new _____ .

3 Die **Politik** interessiert mich wenig.
   I'm not very interested in _____ .

Programm – *program, programme*

→ • Programm (Plan) = *programme* (GB) / *program* (USA)
• Programm (Computerprogramm) = *program* (GB & USA)
• Programm (Fernsehkanal) = *channel*

1 Welches **Programm** bringt die besten Musiksendungen?
   Which _____ has the best music programmes?

2 Welches **Programm** verwenden Sie? – Microsoft Word.
   Which _____ do you use? – Microsoft Word.

3 Das **Programm** für die holländische Delegation steht.
   The _____ for the Dutch delegation is ready.

Paar [1]couple [2]couple [3]a couple of [4]pair **Pause** [1]break [2]break [3]pause [4]break
Politik [1]policy [2]policy [3]politics **Programm** [1]channel [2]program
[3]programme / program

1.1 Wortschatz

rauben – *rob*

> • rauben (einer Person/Bank etwas nehmen) = *rob*
> • rauben (etwas rauben) = *steal*

1. Er **hat** mich mit einem Messer bedroht und **ausgeraubt**.
   He threatened me with a knife and _____ me.

2. Die Bande **hat** fünf Banken **ausgeraubt**.
   The gang have _____ five banks.

3. Die Einbrecher **haben** Juwelen im Wert von über $10.000 **geraubt**.
   The burglars _____ jewellery worth over $10,000.

Salat – *salad*

> • Salat (angemacht als Gericht/Beilage) = *salad*
> • Salat (als Pflanze/Blätter, Kopfsalat) = *lettuce*

1. Es ist so heiß. Ich esse nur einen **Salat**.
   It's so hot. I'll just have a _____ .

2. Kannst du bitte einen schönen **Salat** kaufen, wenn du auf den Markt gehst?
   Can you buy a nice _____ when you go to the market, please?

3. Hast du den **Salat** schon gewaschen?
   Have you washed the _____ yet?

Nur so weit, aber nicht weiter! 1.1

scharf – *sharp*

> • scharf (Messer, Frost) = *sharp*
> • scharf (Essen = sehr würzig) = *spicy, hot*
> • nicht scharf (Foto) = *blurred, fuzzy, out of focus*

1 Schade, dass der Hintergrund nicht **scharf** ist.
   A pity the background is _____ .

2 Das Essen war so **scharf**, ich kam mir vor wie ein Feuerschlucker.
   The food was so _____ I felt like a fire-eater.

3 Schnell, ich brauche ein **scharfes** Messer.
   Quick, I need a _____ knife.

Schiff – *ship*

> • Schiff (groß, auf dem Meer) = *ship*
> • Schiff (auf Binnengewässern; Fährschiff) = *boat*

1 Wir haben eine **Schiff**sfahrt auf dem See gemacht.
   We went on a _____ trip on the lake.

2 Wie lang braucht ein **Schiff** heutzutage von Europa nach Amerika?
   How long does a _____ take to get from Europe to America nowadays?

3 Fahren Sie mit dem **Schiff** von Calais nach Dover oder durch den Kanaltunnel?
   Are you going from Calais to Dover by _____ or through the Channel Tunnel?

---

rauben [1]robbed [2]robbed [3]stole **Salat** [1]salad [2]lettuce [3]lettuce **scharf** [1]blurred/fuzzy/out of focus [2]spicy/hot [3]sharp **Schiff** [1]boat [2]ship [3]boat

1.1 Wortschatz

Schwester – *sister*

→ • Schwester (Familienangehörige) = *sister*
   • Schwester (Krankenschwester) = *nurse*

1 **Schwester**, kann ich bitte noch ein Kopfkissen haben?
   _____, *can I have another pillow, please?*

2 Meine **Schwester** Ann ist zwei Jahre älter als ich.
   My _____ *Ann is two years older than me.*

3 Die **Schwestern** sind sehr hilfsbereit.
   The _____ *are very helpful.*

Soße – *sauce*

→ • Soße (generell) = *sauce*
   • Soße (Bratensoße) = *gravy*
   • Soße (Salatsoße) = *dressing*

1 Soll ich die [Braten-]**Soße** über die Kartoffeln tun?
   Shall I put the _____ *over the potatoes?*

2 Haben wir noch Soja**soße** im Vorratskeller?
   Have we got any soy _____ *left in the cellar?*

3 Eis mit Schokoladen**soße**! Lecker!
   Ice-cream and chocolate _____! *Lovely!*

4 Ich mache die [Salat-]**Soße** wie immer mit Öl und Essig.
   I'll make the _____ *with oil and vinegar as usual.*

Nur so weit, aber nicht weiter! 1.1

Technik – *technique*

> • Technik (Methode, Arbeitsweise) = *technique*
> • Technik (Wissenschaft, Technologie) = *technology*

1 Die ganze Welt der **Technik** unter einem Dach.
   The whole world of _____ under one roof.

2 Die **Technik** entwickelt sich mit rasenden Schritten.
   _____ is developing in leaps and bounds.

3 Welche **Technik** hat der Maler benutzt?
   Which _____ did the painter use?

4 Diese **Technik** erfordert viel Übung.
   This _____ needs a lot of practice.

Unterhemd, Weste – *undershirt, vest*

> • Unterhemd = *undershirt* (in USA), *vest* (in GB)
> • Weste = *vest* (in USA), *waistcoat* (in GB)

1 Er trug eine knallrote **Weste** unter der Jacke.
   He was wearing a bright red _____ (USA)/
   _____ (GB) under his jacket.

2 Er trug ein knallrotes **Unterhemd** unter einem weißen Hemd.
   He was wearing a bright red _____ (USA)/
   _____ (GB) under a white shirt.

Schwester ¹Nurse ²sister ³nurses **Soße** ¹gravy ²sauce ³sauce ⁴dressing
Technik ¹technology ²Technology ³technique ⁴technique
Unterhemd ¹vest, waistcoat ²undershirt, vest

1.1 Wortschatz

vergessen – *forget*

> • vergessen (Gegenteil von „daran denken, sich erinnern") = *forget*
> • vergessen (liegen lassen) = 1. *leave* (+ Ortsbezeichnung)
>   2. *leave behind/forget*
>   (wenn kein Ort genannt wird)

1. Diesen Tag werde ich nie **vergessen**.
   I'll never _____ this day.

2. Ich habe mein Portemonnaie zu Hause **vergessen**.
   I've _____ my wallet at home.

3. Ich darf den Termin heute Nachmittag nicht **vergessen**.
   I mustn't _____ the appointment this afternoon.

4. Wir **haben** den Stadtplan **vergessen**.
   We've _____ the map.

5. Wir haben den Stadtplan im Auto **vergessen**.
   We've _____ the map in the car.

wandern – *wander*

> • wandern (gemächlich/ziellos streifen, bummeln) = *wander*
> • wandern (eine Wanderung machen) = *hike, go hiking*

1. Sollen wir Samstag **wandern** gehen?
   Shall we go _____ on Saturday?

2. Wir haben noch etwas Zeit. Wir können ein bisschen durch die Altstadt **wandern**.
   We've still got some time left. We can _____ a bit through the old town.

3. Wie weit seid ihr heute **gewandert**? – 25 Kilometer.
   How far did you _____ today? – 25 kilometres.

Nur so weit, aber nicht weiter! 1.1

warm – *warm*

> • warm (generell) = *warm*
> • warm (zu warm, unangenehm warm) = *hot*
> • warm (in Bezug auf Wasser, Essen) = *hot*

1. Fahr lieber im Frühjahr. Im Sommer ist es oft zu **warm**.
   I should go in the spring. In the summer it's often too _____.

2. Es war ein schöner **warmer** Tag.
   It was a nice _____ day.

3. Ich hole dir eine **Wärm**flasche.
   I'll get you a _____-water bottle.

4. Einmal am Tag sollte man eine **warme** Mahlzeit zu sich nehmen.
   You should have one _____ meal a day.

5. Ein Zimmer mit **Warm**- und Kaltwasser.
   A room with _____ and cold water.

6. Mir ist zu **warm**. Ich ziehe die Jacke aus.
   I'm _____. I'm going to take my jacket off.

7. Ich mag es schön **warm** im Bett.
   I like to have it nice and _____ in bed.

---

vergessen [1]forget [2]left [3]forget [4]left ... behind / forgotten [5]left **wandern** [1]hiking [2]wander [3]hike **warm** [1]hot [2]warm [3]hot [4]hot [5]hot [6]hot [7]warm

1.1 Test

Übersetzen Sie die deutschen Wörter in Klammern ins Englische.

1. The car is old, but the (*Motor*) is still OK.

2. Can you (*bringen*) me to the station?

3. Restaurants with a small (*Karte*) are often very good.

4. Shall we go (*wandern*) on Sunday?

5. I'll try and (*leihen*) some chairs from my neighbours.

6. She developed the design (*allein*).

7. Shall we (*grillen*) this evening. The weather's so nice.

8. I've never eaten such a (*scharf*) curry.

9. We think it's a good idea. What do you (*meinen*), John?

10. Would anyone like a (*gekochtes*) egg?

11. In the test I had to decide if statements were true or (*falsch*).

12. My phone number is six (*Null*) three five seven.

13. What (*Programm*) do you watch most? – RTL.

Nur so weit, aber nicht weiter! 1.1

14   We'll have a coffee (*Pause*) for 15 minutes.

15   I'll (*kochen*) some tea.

16   We had an increase of seven point (*Null*) three per cent.

17   I'm sorry. Dr Styles is (*außer Haus*).

18   If you wash the (*Salat*), I'll make the (*Soße*) for it.

19   Where is the (*nächste*) supermarket?

20   She has very little time at the moment. She (*lernt*) for her exam.

21   The address (*kommt*) in the top right-hand corner.

22   It's very cold here, eight degrees below (*Null*).

23   The (*Maschine*) is full, but I can put you on the waiting list.

24   The last bus has gone. How are we going to (*kommen*) home?

25   Have you heard the (*neuesten*) news?

---

[1]engine [2]take [3]menu [4]hiking [5]borrow [6]on her own / by herself [7]have a barbecue [8]hot / spicy [9]think [10]boiled [11]false [12]oh / zero [13]channel [14]break [15]make [16]nought / zero [17]out of the office / not in (the building) [18]lettuce, dressing [19]nearest [20]is studying [21]goes [22]zero [23]plane [24]get [25]latest

1.2 Wortschatz

1.2 Wer die Wahl hat, hat die Qual
Ein Wort im Deutschen – mehrere Wörter im Englischen

Wählen Sie jeweils den richtigen Ausdruck aus und setzen Sie ihn ggf. in die richtige Form.

Arbeit

> - Arbeit (allgemein oder Arbeitsort) = *work* [kann nicht mit *a/an* oder im Plural stehen!]
> - Arbeit (einzelne, bestimmte Arbeit) = *job*
> - Arbeit (Testarbeit in der Schule usw.) = *test*

    work   job   test

1   Matthias schreibt morgen wieder eine Englisch**arbeit**.
Matthew is doing another English _____ tomorrow.

2   Wie kommen Sie eigentlich zur **Arbeit**? – Mit dem Rad.
How do you come to _____ ? – By bike.

3   Tom sucht wieder eine Ferien**arbeit**. In den Weihnachtsferien ist es leicht, eine **Arbeit** zu finden.
Tom is looking for holiday _____ again. In the Christmas holidays it's easy to find a _____ .

4   Der Computer hat viele **Arbeiten** leichter gemacht.
The computer has made a lot of _____ much easier.

aussteigen, einsteigen

> - einsteigen (Auto, Taxi, kleines Boot) = *get in(to)*
> - aussteigen (Auto, Taxi, kleines Boot) = *get out of*
> - ein-/aufsteigen (Fahr-/Motorrad, Bus, Zug, Flugzeug, Schiff) = *get on(to)*
> - ab-/aussteigen (Fahr-/Motorrad, Bus, Zug, Flugzeug, Schiff) = *get off*

    get in   get on   get out of   get off

Wer die Wahl hat, hat die Qual 1.2

1 In London bezahlt man, nachdem man aus dem Taxi **ausgestiegen ist**.
   In London you pay after you _____ the taxi.

2 Das kleine Boot hat arg gewackelt, als wir **einstiegen**.
   The little boat was ever so wobbly when we _____ .

3 Sie **stieg** auf ihr Motorrad **auf** und brauste davon.
   She _____ her motorbike and roared off.

4 Wo muss ich **aussteigen**? – An der nächsten Haltestelle.
   Where do I have to _____? – At the next stop.

(be)merken, (sich) merken

→ • (be)merken (sich geistig bewusst werden) = *realize*
   • (be)merken (mit den Sinnen wahrnehmen) = *notice*
   • sich merken (zur Kenntnis nehmen und später daran denken) = *note/remember*

note   notice   realize

1 Er stand schon fünf Minuten im Dunkeln da, bevor ich ihn **bemerkte**.
   He had been standing there in the dark for five minutes before I _____ him.

2 Ich **merkte** plötzlich, dass ich die Adresse nicht dabei hatte.
   I suddenly _____ that I didn't have the address with me.

3 Ich **merkte**, dass er etwas in der linken Hand hielt.
   I _____ that he was holding something in his left hand.

4 **Merken Sie sich** bitte, dass Sie einen Pass brauchen werden.
   Please _____ that you will need a passport.

Arbeit [1]test [2] work [3]work [sonst: *a holiday job*], job [4]work/jobs
aussteigen [1]have got / get out of [2]got in [3]got on [4]get off
bemerken [1]noticed [2]realized [4]noticed [4]note

1.2 Wortschatz

bequem

→
- bequem (körperliches Wohlbefinden vermittelnd) = *comfortable*
- bequem (ohne Anstrengungen/Unannehmlichkeiten) = *easy*
- bequem (faul) = *lazy*

comfortable   easy   lazy

1   Mein Kollege ist ein solch **bequemer** Mensch. Er tut fast nichts.
My colleague is such a _____ person. He does hardly anything.

2   Dieser Pullover ist richtig **bequem**, ich liebe ihn.
This pullover is really _____, I love it.

3   Die **bequemste** Lösung wäre, die Wohnung unterzuvermieten.
The _____ solution would be to sub-let the flat.

bestellen

→
- bestellen (Ware) = *order*
- bestellen (Plätze, Tisch, Zimmer) = *book, reserve*
- bestellen (Karten, Taxi) = [meist] *book*

book   order   reserve

1   Wer **bestellt** den Tisch für heute Abend?
Who's going to _____ the table for this evening?

2   Das Taxi ist **bestellt**.
The taxi is _____ .

3   **Bestell** mir bitte noch ein Bier.
_____ me another beer, would you?

4   Ich habe die Karten vor Monaten **bestellt**.
I _____ the tickets months ago.

5   Ich **bestelle** normalerweise 250 Stück jeden Freitag.
I normally _____ 250 every Friday.

Wer die Wahl hat, hat die Qual 1.2

besuchen

→ • besuchen (Menschen/Orte als Gast, Tourist usw. besuchen) = *visit*
• besuchen (als Teilnehmer/in Einrichtungen wie Schule, Unterricht, Kirche besuchen) = *attend* (weniger förmlich auch: *go to*)
• besuchen (kulturelle Veranstaltungen) = *go to*

attend   go to   visit

1. Mein Sohn **besuchte** eine Highschool in Texas.
   My son _____ a high school in Texas.

2. Am Wochenende **besuchen** wir Tante Agatha.
   At the weekend we're _____ing Aunt Agatha.

3. Wie viele **besuchen** noch regelmäßig den Gottesdienst?
   How many still _____ church regularly?

4. Gestern Abend **haben** wir ein Konzert **besucht**.
   Yesterday evening we _____ a concert.

5. Du musst unbedingt das Gruselkabinett **besuchen**.
   You really must _____ the chamber of horrors.

---

bequem ¹lazy ²comfortable ³easiest **bestellen** ¹book/reserve ²booked ³Order ⁴booked ⁵order **besuchen** ¹attended/went to ²visit ³attend/go to ⁴went to ⁵visit

1.2 Wortschatz

(be)zahlen

> - (be)zahlen (Produkt, Dienstleistung) = *pay for*
> - (be)zahlen (Person, Betrag, Rechnung usw.) = *pay*

pay   pay for

1 Der Verlag hat seinen Ghostwriter **bezahlt**.
   The publisher _____ his ghost writer.

2 Der Hauswirt soll die Reparatur **bezahlen**.
   The landlord should _____ the repair.

3 Hast du schon die Rechnung **bezahlt**?
   Have you _____ the bill yet?

4 Wer hat die Karten **bezahlt**?
   Who _____ the tickets?

5 Ich habe über $2000 **bezahlt**.
   I _____ over $2000.

bis

> - bis (solange bis, die ganze Zeit bis [Frage: wie lange?]) = *until, till*
> - bis (spätestens bis, nicht später als [Frage: wann? zu welchem Zeitpunkt?]) = *by*
> - von ... bis = *from ... to*

by   till   to

1 Ich rufe dich spätestens **bis** sechs an.
   I'll phone _____ six at the latest.

2 Ich werde **bis** sechs warten, dann gehe ich heim.
   I'll wait _____ six, then I'll go home.

3 Er war von Kopf **bis** Fuß mit Schlamm bedeckt.
   He was covered in mud from head _____ foot.

Wer die Wahl hat, hat die Qual 1.2

4 Sie bekommen die Ware **bis** Freitag.
   You'll get the goods _____ Friday.

5 Er schlief **bis** zwölf.
   He slept _____ twelve.

bitte

→ • bitte (in Bitten, Aufforderungen, Fragen) = *please*
  • bitte (bitte schön = Reaktion auf Dank) = *not at all, that's OK, it's a pleasure, that's all right, you're welcome, don't mention it*
  • bitte (Reaktion auf Entschuldigung) = *it's/that's all right, never mind*
  • bitte (Zustimmung zu Bitte) = *certainly; (yes,) of course; (yes,) please do*
  • bitte? (wie bitte?) = *sorry? excuse me?*
  • bitte (schön) (beim Überreichen) = *here you are*

please   not at all   it's all right   certainly   sorry?   here you are

1 Habe ich mich dazwischengedrängelt? Entschuldigung. – **Bitte**. Ich habe Zeit.
   Have I barged in? Sorry. – _____ . I have time.

2 Kannst du Sonia **bitte** anrufen?
   Can you ring Sonia up, _____ ?

3 Das war sehr freundlich von Ihnen. Vielen Dank. – **Bitte**.
   That was very kind of you. Thank you. – _____ .

4 Darf ich das Fenster aufmachen? – **Bitte**.
   May I open the window? – _____ .

5 **Wie bitte?** Das habe ich leider nicht verstanden.
   _____ ? I'm afraid I didn't understand.

6 Eine heiße Schokolade, **bitte schön**. Vorsicht, sie ist sehr heiß.
   One hot chocolate, _____ . Careful, it's very hot.

---

bezahlen [1]paid [2]pay for [3]paid [4]paid for [5]paid **bis** [1]by [2]till [3]to [4]by [5]till
bitte [1]It's all right [2]please [3]Not at all [4]Certainly [5]Sorry? [6]here you are

1.2 Wortschatz

bleiben

> - bleiben (im gleichen Zustand bleiben) = *stay, keep*; (förmlicher auch:) *remain*
> - bleiben (am gleichen Ort bleiben) = *stay*; (förmlicher auch:) *remain*
> - bleiben (als Gast wohnen, übernachten) = *stay*
> - bleiben (da-, weg-, fern-, auf-, aus-, draußen bleiben) = *stay*
> - übrigbleiben = *remain*, (bei Sachen auch:) *be left (over)*

be left   keep   remain   stay

1. Tony **blieb** zu Hause.
   Tony _____ at home.

2. Wie lange **bleibt** deine Schwiegermutter?
   How long is your mother-in-law going to _____?

3. Tut mir Leid, aber ich kann nicht länger **dableiben**.
   Sorry, I can't _____ any longer.

4. Von dem alten Schloss ist wenig **geblieben**.
   Little _____ of the old castle.

5. Die Zuschauer **blieben** ganz still während der Sexszene.
   The audience _____ quite still during the sex scene.

6. **Bleib** draußen!
   _____ out!

7. Sie **blieben** bis 4 Uhr auf.
   They _____ up till 4 in the morning.

Boden

> - Boden (draußen) = *ground*
> - Boden (Fußboden drinnen) = *floor*
> - Boden (Nährboden, Erdreich) = *soil*
> - Meeresboden = *seabed*

Wer die Wahl hat, hat die Qual 1.2

bed   floor   ground   soil

1. Der **Boden** hier ist sehr fruchtbar.
   The _____ here is very fertile.

2. Sie lagen auf dem **Boden** im Wohnzimmer.
   They were lying on the _____ of the livingroom.

3. Sie legten sich auf den nassen **Boden**, zwischen den Blumen.
   They lay down on the wet _____, among the flowers.

4. Das Wrack wurde auf dem Meeres**boden** entdeckt.
   The wreck was discovered on the sea_____ .

braten

➔
- braten (in der Pfanne/im Topf oben auf dem Herd) = *fry*
- braten (im Backofen) = *roast*
- braten (auf dem Rost über/unter einem Grill) = *grill*

fry   grill   roast

1. Weihnachten? Er will wie jedes Jahr eine verdammte Gans **braten**.
   Christmas? He wants to _____ a blessed goose, like he does every year.

2. Zuerst die Zwiebeln und Kartoffeln in der Pfanne knusprig braun **braten**.
   First _____ the onions and potatoes in the frying pan till they're crisp and brown.

3. Nichts ist schöner, meint er, als ein dickes Steak auf dem Rost zu **braten**.
   He thinks there's nothing nicer than to _____ a big fat steak.

---

bleiben ¹stayed/remained ²stay ³stay ⁴remains/is left ⁵stayed/kept/remained ⁶Stay ⁷stayed **Boden** ¹soil ²floor ³ground ⁴bed **braten** ¹roast ²fry ³grill

1.2 Wortschatz

brauchen

> - brauchen (etwas/jemanden benötigen) = *need*
> - brauchen (Zeit) = *take*
> - nicht brauchen (etwas zu tun) = *needn't/don't need to/don't have to (do something)*

need   needn't   take

1 Der Zug **braucht** zwei Stunden für die gleiche Strecke.
   The train _____ two hours for the same distance.

2 Du **brauchst** nicht zu kommen, wenn du nicht magst.
   You _____ n't come if you don't want to.

3 Wir **brauchen** sechs Freiwillige.
   We _____ six volunteers.

Daten

> - Daten (Kalenderdaten) = *dates*
> - Daten (Informationen, Computerdaten) = *data*

data   dates

1 Für das Treffen gibt es mehrere **Daten** zur Auswahl.
   For the meeting there are several _____ to choose from.

2 Nach dem Virus habe ich alle **Daten** auf der Festplatte verloren.
   After the virus I lost all the _____ on my hard disk.

Wer die Wahl hat, hat die Qual 1.2

dauern

→ • dauern (in Anspruch nehmen) = *take*
• dauern (andauern) = *last*

last   take

1 Wie lange wird die Fahrt **dauern**?
   How long will the journey _____?

2 Das Konzert **dauerte** über zweieinhalb Stunden.
   The concert _____ over two and a half hours.

3 Das Packen **dauert** immer länger als das Auspacken.
   The packing always _____ longer than the unpacking.

eng

→ • eng (schmal) = *narrow*
• eng (eng anliegend, stramm) = *tight*

narrow   tight

1 Diese Hose ist furchtbar **eng**.
   These trousers are terribly _____ .

2 Sie trägt gern ganz **enge** Röcke.
   She likes wearing very _____ skirts.

3 Die Straße war sehr **eng**.
   The road was very _____ .

---

brauchen [1]takes [2]need [3]need **Daten** [1]dates [2]data **dauern** [1]take [2]lasted [3]takes **eng** [1]tight [2]tight [3]narrow

1.2 Wortschatz

Entschuldigung, entschuldigen Sie

> - Entschuldigung/entschuldigen Sie (bevor man etwas tut) = *excuse me*
> - Entschuldigung/entschuldigen Sie (nachdem man etwas getan hat) = *sorry*
> - Entschuldigung? (wie bitte?) = *sorry?/excuse me?*

excuse me   sorry

1   War das Ihr Fuß? Oh, **Entschuldigung**.
    Was that your foot? Oh, _____ .

2   **Entschuldigung**? Könnten Sie das wiederholen?
    _____? Could you repeat that?

3   **Entschuldigung**. Darf ich vorbei?
    _____ . Can I come past?

erinnern

> - sich erinnern = *remember*
> - jemanden erinnern = *remind somebody*

remember   remind

1   Ich **erinnere mich** an den schönen Wein, den wir dort getrunken haben.
    I _____ the lovely wine we drank there.

2   Wir haben uns mal bei Rita getroffen? **Erinnern Sie sich**?
    We met once at Rita's. Do you _____?

3   **Erinnere mich** bitte daran, Angela anzurufen.
    Please _____ to phone Angela.

Wer die Wahl hat, hat die Qual 1.2

Erinnerung

→
- Erinnerung (Bild im Gedächtnis) = *memory*
- Erinnerung(sstück) = *souvenir*
- Erinnerung (Gedächtnisstütze) = *reminder*

memory   reminder   souvenir

1. Dieser Fußball ist ein **Erinnerungsstück** aus meiner Zeit in Texas.
   This football is a _____ from my time in Texas.

2. Welche **Erinnerungen** hast du an deine Schulzeit?
   What _____ do you have of your schooldays?

3. Ich lass' ihr einen Zettel, als **Erinnerung**.
   I'll leave her a note as a _____ .

erkennen

→
- erkennen (mit den Sinnen wiedererkennen) = *recognize*
- erkennen (geistig entdecken) = *realize*
- den Unterschied erkennen = *tell the difference*

realize   recognize   tell

1. Ich **erkannte**, dass es sinnlos war, Damian um Hilfe zu bitten.
   I _____ that it was pointless asking Damian for help.

2. Kannst du den Unterschied **erkennen**? Welche ist die Designeruhr?
   Can you _____ the difference? Which is the designer watch?

3. Ich habe dich mit dem Bart nicht **erkannt**.
   I didn't _____ you with the beard.

Entschuldigung [1]sorry [2]Sorry? / Excuse me? [3]Excuse me
erinnern [1]remember [2]remember [3]remind me **Erinnerung** [1]souvenir
[2]memories [3]reminder **erkennen** [1]realized [2]tell [3]recognize

1.2 Wortschatz

fahren

> - fahren (von A nach B kommen, ganz allgemein) = *go*
> - fahren (Auto fahren, am Steuer sitzen, jemanden im Auto fahren) = *drive*
> - fahren (Fahrrad, Motorrad) = *ride*
> - fahren (als Fahrgast im Bus, Auto, Taxi) = *ride*
> - fahren (+ Geschwindigkeitsangabe) = *travel*

drive   go   ride   travel

1. Ich **fahre** in die Stadt.
   I'm _____ing to town.

2. Wo hast du **Autofahren** gelernt?
   Where did you learn to _____?

3. Mit 93 Jahren **fährt** er immer noch Motorrad.
   He still _____ a motorbike at 93.

4. Sie **fuhr** mit dem Bus nach Hause.
   She _____ home on the bus.

5. Ich **fahre** dich heim.
   I'll _____ you home.

6. Sie **fährt** nie in Urlaub.
   She never _____ on holiday.

7. Wer **fuhr** zum Zeitpunkt des Unglücks?
   Who was _____ing at the time of the accident?

8. Wir **fuhren** mit über 300 km/h.
   We were _____ing at over 300 kmh.

Wer die Wahl hat, hat die Qual 1.2

Farbe

→ • Farbe (Rot, Grün, Blau usw.) = *colour*
  • Farbe (Mittel zum Anstreichen) = *paint*

colour   paint

1 Die **Farbe** ist noch nicht trocken. Bitte nicht anfassen.
   The _____ is not dry. Please don't touch.

2 Wie viele Dosen **Farbe** soll ich kaufen?
   How many cans of _____ should I buy?

3 Welche **Farbe** hat das Auto?
   What _____ is the car?

fertig

→ • fertig (bereit) = *ready*
  • fertig (erledigt, abgeschlossen) = *finished*

finished   ready

1 Ich mache mich gerade **fertig**.
   I'll just get _____ .

2 Die Arbeit ist **fertig**.
   The work is _____ .

3 Ich **bin** mit dem Abwasch **fertig**.
   I _____ the washing-up.

4 Wann ist das Mittagessen **fertig**?
   When will lunch be _____?

---

fahren ¹go ²drive ³rides ⁴rode ⁵drive ⁶goes ⁷driving ⁸travelling
Farbe ¹paint ²paint ³colour **fertig** ¹ready ²finished ³have finished ⁴ready

1.2 Wortschatz

Frau, Mann

> → • Frau/Mann (weiblicher/männlicher Mensch) = *woman/man*
> • Frau/Mann (Ehefrau/-mann) = *wife/husband*

husband   man   wife   woman

1. Tinas **Mann** kocht sehr gut.
   Tina's _____ is a very good cook.

2. In diesem Kurs sind überwiegend **Frauen**.
   There are mainly _____ in this course.

3. **Männer** sind im Internet noch in der Mehrzahl.
   _____ are still in the majority on the Internet.

4. Er hat **Frau** und Kinder überredet mitzufahren.
   He persuaded his _____ and children to go with him.

früher(e/er/es)

> → • früher (eher) = *earlier*
> • früher einmal = *once*
> • früher habe/bin ich (immer)… = *I used to …*
> • frühere(r/s) (vorhergehende/er/es) = *previous*
> • frühere(r/s) (ehemalige/er/es) = *former*

earlier   former   once   previous   used to

1. Jimmy Carter ist ein **früherer** Präsident der USA.
   Jimmy Carter is a _____ president of the USA.

2. Warum bist du nicht **früher** gekommen?
   Why didn't you come _____?

3. **Früher** bin ich immer mit dem Zug zur Arbeit gefahren.
   I _____ travel to work by train.

4. **Früher** hatten wir einen Hund.
   We _____ have a dog.

Wer die Wahl hat, hat die Qual   1.2

5   **Früher einmal** hat er mich in sein Wochenendhäuschen eingeladen.
    He _____ invited me to his country cottage.

6   In unserer **früheren** Wohnung hatten wir keinen Balkon.
    In our _____ flat we didn't have a balcony.

gehen

→ • gehen (allgemein) = *go*
  • gehen (zu Fuß gehen im Gegensatz zu fahren) = *walk*
  • gehen (verkehren) = *run, go*
  • gehen (funktionieren) = *work*

go   run   walk   work

1   Der letzte Bus war weg, also mussten wir **gehen**.
    The last bus had gone, so we had to _____ .

2   Tony ist schwimmen **gegangen**.
    Tony's _____ swimming.

3   Die Heizung **geht** nicht.
    The heating isn't _____ing.

4   Wo sind Sie zur Schule **gegangen**?
    Where did you _____ to school?

5   Es ist zu weit zu **gehen**.
    It's too far to _____.

6   Ich **gehe** mal gerade zu den Schmidts rüber.
    I'm just _____ing across to the Schmidts.

7   **Geht** der Zug auch sonntags?
    Does the train _____ on Sundays, too?

Frau, Mann [1]husband [2]women [3]Men [4]wife **früher** [1]former [2]earlier [3]used to [4]used to [5]once [6]previous **gehen** [1]walk [2]gone [3]work [4]go [5]walk [6]going [7]go/run

1.2 Wortschatz

gesund

> - gesund (robust, in guter körperlicher Verfassung) = *healthy, fit*
> - gesund (genesen) = *better*
> - gesund (gesundheitsfördernd) = *good for you*

better   fit   good for you

1   Ann war ziemlich krank, aber jetzt ist sie wieder **gesund**.
    Ann was quite ill, but she's _____ again now.

2   Um Pilotin zu werden, muss man **gesund** sein.
    You have to be _____ to become a pilot.

3   Obst ist **gesund**.
    Fruit is _____ .

4   Er ist mit 97 Jahren noch **gesund**.
    He's still _____ at 97.

5   Ich stimme Churchill zu: "No sports". Sport ist nicht **gesund**.
    I agree with Churchill: "No sports". Sport isn't _____ .

gewöhnlich

> - gewöhnlich (üblich) = *usual*
> - gewöhnlich (alltäglich) = *ordinary*
> - gewöhnlich (ordinär) = *common*

common   ordinary   usual

1   Diese Großzügigkeit war sein **gewöhnlicher** Stil. Die Leute haben ihn geliebt.
    This generosity was his _____ style. People loved him.

2   Das Hotel war nicht Besonderes, ziemlich **gewöhnlich**.
    The hotel wasn't anything special, pretty _____ .

Wer die Wahl hat, hat die Qual 1.2

3 Die Braut trug eigentlich ein sehr **gewöhnliches** Kleid.
The bride was wearing a very _____ dress really.

4 Der Mann hat überhaupt keine Manieren und ist ganz **gewöhnlich**.
The husband has no manners at all and is quite _____ .

Grenze

> - Grenze (Landesgrenze) = *border*
> - Grenze (eines Grundstücks, Parks, Verwaltungsbezirks, US-Bundesstaats) = *boundary*
> - Grenze (der maximal erreichbare/erreichte Punkt) = *frontier*
> - Grenze (das zumutbare Ende) = *limit*

border   boundary   frontier   limit

1 Ich habe die **Grenze** meiner Geduld erreicht.
I've reached the _____ of my patience.

2 Wo sind heute die **Grenzen** der Naturwissenschaft? Weiß das noch jemand?
Where are the _____ of science today? Does anyone still know?

3 Sie wohnen jenseits der Stadt**grenze**.
They live outside the town _____ .

4 Wo liegt die Preis**grenze**?
What's the price _____?

5 Wir wohnen in der Nähe der belgischen **Grenze**.
We live near the Belgian _____ .

---

gesund ¹better ²fit ³good for you ⁴fit ⁵good for you **gewöhnlich** ¹usual ²ordinary ³ordinary ⁴common **Grenze** ¹limit ²frontiers ³boundary ⁴limit ⁵border

1.2 Wortschatz

groß

→
- groß (bei Sachen: physisch groß, ausgedehnt, umfangreich) = *big*
- groß (bei Menschen) = *tall* (hoch gewachsen), *big* (kräftig, stark; älter)
- groß (erfolgreich, umsatzstark) = *big*
- groß (beträchtlich) = *big*, *great* [vor Nomen, die keine Pluralform haben, ist nur *great* möglich]
- groß (großartig, berühmt, bedeutend) = *great*
- Großbuchstaben = *capital letters*

big   great   capital   tall

1. Das ist mein **großer** Bruder.
   This is my _____ brother.

2. Man muss **große** Geduld haben.
   You have to have _____ patience.

3. Er hat **große** Schuhe, Größe 44.
   He has _____ shoes, size 44.

4. Irgendwie finde ich **große** Bahnhöfe faszinierend.
   Somehow I find _____ stations fascinating.

5. Auf meinem Urlaubszettel hatte er NEIN in **Groß**buchstaben geschrieben.
   He had written NO in _____ letters on my holiday form.

6. Das wäre natürlich ein **großer** Vorteil.
   That would be a _____ advantage, of course.

7. Sie hatte einen **großen** Fehler gemacht.
   She had made a _____ mistake.

8. Picasso war ein **großer** Künstler, einer der **größten**.
   Picasso was a _____ artist, one of the _____ .

9. Wie **groß** sind Sie? – Ich bin 1,86 m **groß**.
   How _____ are you? – I'm 1 metre 86 _____ .

Wer die Wahl hat, hat die Qual 1.2

10 Formel 1 ist ein **großes** Geschäft.
Formula 1 racing is _____ business.

11 **Große** Hitze verträgt die Pflanze nicht.
The plant doesn't like _____ heat.

12 Das macht keinen **großen** Unterschied.
That doesn't make a _____ difference.

13 Basketballspieler müssen **groß** sein.
Basketball players have to be _____ .

14 Kennedy hat eine **große** Rede gehalten.
Kennedy made a _____ speech.

15 Gewichtheber sind meist **groß**.
Weightlifters are usually _____ .

hören

→ • hören (akustisch wahrnehmen, verstehen) = *hear*
• hören (Radio, Musik) = *listen to*
• hören (zuhören, sich anhören, auf jemanden/etwas hören)
= *listen (to)*

hear   listen (to)

1 Was macht Anette? – Sie **hört** Musik.
What's Anette doing? – She's _____ music.

2 Wenn man genau **hinhört**, merkt man den Akzent.
If you _____ closely, you can notice the accent.

3 **Hörst** du etwas? – Ja, ein Ticken.
Can you _____ anything? – Yes, a ticking sound.

groß [1]big [2]great [3]big [4]big [5]capital [6]big/great [7]big/great [8]great, greatest [9]tall, tall [10]big [11]great [12]big/great [13]tall [14]great [15]big **hören** [1]listening to [2]listen [3]hear

1.2 Wortschatz

klein

> - klein (neutraler Ausdruck) = *small*
> - klein (gefühlsbetont, niedlichklein, unangenehm und klein) = *little*
> - klein (jünger) = *little*

Beachten Sie: *little* kann normalerweise nicht gesteigert werden (~~littler, littlest~~) und nicht hinter *be* stehen (~~The room is little.~~)

little   small

1 Anna hat ein **kleines** Mädchen bekommen.
   Anna has had a _____ girl.

2 Die Wohnung ist relativ **klein**.
   The flat is relatively _____ .

3 Das ist mein **kleiner** Bruder.
   That's my _____ brother.

4 Sie hat ein hübsches **kleines** Zimmer.
   She has a pretty _____ room.

5 Wer ist **kleiner**, dein Bruder oder du?
   Who is _____, your brother or you?

6 Ihr Chef ist ein hässlicher **kleiner** Mann mit Glatze.
   Her boss is an ugly _____ man with a bald head.

7 Das Baby ist süß und sehr **klein**.
   The baby is sweet and very _____ .

8 Ein **Klein**wagen ist in der Stadt viel praktischer.
   A _____ car is much more practical in town.

9 Eine **kleine** Menge Zement genügt.
   A _____ amount of cement is enough.

Wer die Wahl hat, hat die Qual 1.2

krank

➜ • krank (als Adjektiv, vor einem Nomen) = *sick* [Faustregel]
• krank (nach Verben wie *be*) = *ill* [Faustregel]

ill   sick

1   Sie haben ein **krankes** Kind und mussten zu Hause bleiben.
    They have a _____ child and had to stay at home.

2   Tom ist **krank**. Hast du gehört?
    Tom is _____ . Have you heard?

3   Sie scheint ziemlich **krank** zu sein.
    She seems to be pretty _____ .

lebend

➜ • lebend (im Gegensatz zu tot) = *living*
• lebend (echt, leibhaftig) = *live*

live   living

1   Er hat einen **lebenden** Skorpion in der Wohnung.
    He's got a _____ scorpion in his flat.

2   Atwood ist vielleicht die bekannteste **lebende** kanadische Autorin.
    Atwood is perhaps the greatest _____ Canadian female author.

---

klein ¹little ²small ³little ⁴little ⁵smaller ⁶little ⁷small ⁸small ⁹small
krank ¹sick ²ill ³ill **lebend** ¹live ²living

1.2 Wortschatz

Lehrer/in

→ • Lehrer/in (für Kopfarbeit) = *teacher*
• Lehrer/in (für praktische Fertigkeiten) = *instructor*

instructor   teacher

1 Unsere Nachbarin ist Hochschul**lehrerin**.
   Our neighbour is a university _____ .

2 Um Fahr**lehrer** zu sein, muss man eine Engelsgeduld haben.
   You have to have the patience of a saint to be a driving _____ .

3 Ski**lehrer** ist kein besonders romantischer Beruf.
   Being a skiing _____ is not a very romantic job.

4 Der Schwimm**lehrer** kann mit den Kleinen wirklich ganz gut.
   The swimming _____ is really very good with the little kids.

leicht

→ • leicht (im Gegensatz zu schwierig) = *easy*
• leicht (geringfügig) = *slight*
• leicht (von geringem Gewicht) = light

easy   light   slight

1 Es ist eine **leichte** Verbesserung eingetreten.
   There has been a _____ improvement.

2 Es fiel mir **leicht**, „nein" zu sagen.
   I found it _____ to say "no".

3 Der Koffer ist **leicht**, er ist fast leer.
   The suitcase is _____, it's almost empty.

4 Der Test war **leicht**.
   The test was _____ .

Wer die Wahl hat, hat die Qual 1.2

machen

→ • machen (herstellen, erzeugen, schaffen, basteln, bereitstellen) = *make*
 • machen (erledigen, verrichten, sich beschäftigen mit) = *do*
 • machen (in festen Wendungen) = *have, take, go* usw.

do   go   have   make   take

1. Ich **mache** jeden Morgen das Frühstück und den Kaffee.
   I _____ the breakfast and the coffee every morning.

2. Onkel Bernd **macht** ein Schläfchen nach dem Mittagessen.
   Uncle Bernard _____ a little sleep after lunch.

3. Sue **macht** Überstunden.
   Sue is _____ing overtime.

4. Wir haben einen guten Eindruck **gemacht**.
   We _____ a good impression.

5. **Macht** das einen großen Unterschied?
   Does that _____ a big difference?

6. Was **machst** du da unten auf dem Boden? – Ich **mache** meine Übungen.
   What are you _____ing down there on the floor? – I'm _____ing my exercises.

7. Im Urlaub hat er 450 Fotos **gemacht**.
   On holiday he _____ 450 photos.

8. Wir **machen** gute Fortschritte.
   We're _____ing good progress.

9. Wenn es nicht regnet, **machen** wir ein Picknick.
   If it doesn't rain, we'll _____ a picnic.

Lehrer/in ¹teacher ²instructor ³instructor ⁴instructor **leicht** ¹slight ²easy ³light ⁴easy **machen** ¹make ²has ³do ⁴(have) made ⁵make ⁶do, do ⁷took ⁸making ⁹have

1.2 Wortschatz

10   Ich liebe es, Pläne zu **machen**.
     I love _____ing plans.

11   **Mach** Platz da.
     Come on, _____ room.

12   Wir sollten einen Anfang **machen**.
     We should _____ a start.

13   Warum **macht** die Regierung nichts?
     Why doesn't the government _____ something?

14   Wir **machen** Urlaub im Juni.
     We're _____ing on holiday in June.

15   Wann **machst** du die Prüfung?
     When are you _____ing the exam?

16   Wollen wir einen kleinen Spaziergang **machen**?
     Shall we _____ a little walk?

17   Wer **macht** bei euch den Abwasch?
     Who _____ the washing-up in your family?

18   Die Firma hat letztes Jahr Verlust **gemacht**.
     Last year the firm _____ a loss.

19   Ich habe einen großen Fehler **gemacht**.
     I've _____ a big mistake.

20   Ich **mache** (= putze) gleich die Schlafzimmer.
     I'll _____ the bedrooms in a minute.

21   Wir **machen** gute Geschäfte mit dieser Firma.
     We _____ good business with that firm.

22   Ich **mache** Ihnen ein Angebot/einen Vorschlag.
     I'll _____ you an offer/a suggestion.

23   Wer **macht** die Werbung für euch?
     Who _____ the advertising for you?

Wer die Wahl hat, hat die Qual 1.2

24 Was **machen Sie beruflich**?
    What do you _____ for a living?

25 **Machen** Sie das Beste daraus.
    _____ the best of it.

26 Was hat dieses Geräusch **gemacht**?
    What _____ that noise?

27 Wann **machen** wir eine Pause?
    When are we _____ a break?

passen

→ • passen (von der Größe, den Dimensionen her) = *fit*
  • passen (gut stehen) = *suit*
  • passen (zu etwas anderem, vom Stil/von der Farbe her) = *match*

fit   match   suit

1 Der Pullover **passt** gut zum Rock.
   The pullover _____ the skirt nicely.

2 Die Hose **passt** mir nicht mehr. Sie ist zu eng.
   The trousers don't _____ me any more. They're too tight.

3 **Passt** dieser Schlüssel?
   Does this key _____?

4 Der Pullover und der Rock **passen** gut zusammen.
   The pullover and the skirt _____ nicely.

5 Viel Make-up **passt** nicht zu ihr.
   A lot of make-up doesn't _____ her.

---

[10]making [11]make [12]make [13]do [14]going [15]taking/doing [16]have/take
[17]does [18]made [19]made [20]do [21]do [22]make [23]does [24]do [25]Make [26]made
[27]having/taking **passen** [1]matches [2]fit [3]fit [4]match [5]suit

1.2 Wortschatz

Platz

> - Platz (Ort, Stelle; Studien-/Ausbildungsplatz) = *place*
> - Platz (ausreichend Raum) = *room, space*
> - Platz (Sitzplatz) = *seat*
> - Platz (in einer Stadt) = *square*
> - Platz (Sport) = *sports ground/playing field*, *court* (Tennis, Squash), *pitch* (Fußball), *course* (Golf)

course   court   place   seat   space   sports ground   square

1 Der **Sportplatz** ist schwer zu finden.
   The _____ is difficult to find.

2 Das ist ein schöner **Platz** für die Vase.
   That's a nice _____ for the vase.

3 Ich brauche einen **Platz**, wo ich meine Tasche abstellen kann.
   I need a _____ where I can leave my bag.

4 Sie wollen hier einen Golf**platz** anlegen.
   They want to make a golf _____ here.

5 Hast du noch **Platz** für diese Bücher in deinem Koffer?
   Have you still got _____ for these books in your suitcase?

6 Ist dieser **Platz** noch frei?
   Is this _____ taken?

7 Das Rathaus liegt an einem großen **Platz**.
   The town hall is on a big _____ .

8 Wir treffen uns auf dem Tennis**platz**.
   We'll meet on the tennis _____ .

9 Alle **Plätze** im Kurs waren weg.
   All the _____s on the course were taken.

10 Nehmen Sie **Platz**.
   Have a _____ .

Wer die Wahl hat, hat die Qual 1.2

Reise

→
- Reise (Reise generell, meist Vergnügungsreise einschl. Aufenthalt am Zielort) = *trip*
- Reise (längere Fahrt [ohne Aufenthalt am Zielort]) = *journey*
- das Reisen = *travel*
- Reisen (ausgedehnte Reise/n über längere Zeit) = *travels*
- Reise (Seereise) = *voyage*
- Rundreise = *tour*

journey   tour   travel   travels   trip   voyage

1. Auf seinen **Reisen** begegnete Marco Polo faszinierenden Menschen.
   On his _____ Marco Polo met some fascinating people.

2. **Reisen** soll den Horizont erweitern.
   _____ is supposed to broaden horizons.

3. Wir machen eine Wochenend**reise** nach London.
   We're going on a weekend _____ to London.

4. Die **Reise** dauerte 12 Stunden.
   The _____ took 12 hours.

5. Wie war eure [Urlaubs-]**Reise** nach Mexiko?
   How was your _____ to Mexico?

6. Hobbies: Sport, **Reisen**, Rockmusik.
   Hobbies: sport, _____, rock music

7. Kolumbus' Schiff kehrte nach einer **Reise** von 8 Monaten zurück.
   Columbus' ship returned after an eight-month _____ .

8. Eine **Rundreise** durch Skandinavien im Winter? – Nein danke.
   A _____ of Scandinavia in winter? – No thanks.

Platz [1]sports ground [2]place [3]place [4]course [5]space [6]seat [7]square [8]court [9]place [10]seat **Reise** [1]travels [2]Travel [3]trip [4]journey [5]trip [6]travel [7]voyage [8]tour

1.2 Wortschatz

ruhig

> - ruhig (leise, ohne Lärm; nicht hektisch; unauffällig) = *quiet*
> - ruhig (ohne/mit wenig [unnötige/r] Bewegung) = *calm*, *still* (Sitzen), *steady* (Hand)

calm   quiet   steady   still

1 Man braucht beim Operieren eine ganz **ruhige** Hand.
   You need a really _____ hand when you're operating.

2 Das Meer war Gott sei Dank **ruhig**.
   The sea was _____, thank goodness.

3 Das ist eine ziemlich **ruhige** Straße.
   This is a pretty _____ street.

4 Meine Tante führt ein **ruhiges** Leben.
   My aunt leads a _____ life.

5 Er saß ganz **ruhig** da.
   He sat there quite _____ .

6 Ich mag dieses **ruhige** Herbstwetter.
   I like this _____ autumn weather.

7 Die Kinder sind sehr **ruhig**. Was ist los?
   The children are very _____ . What's the matter?

sagen

> - sagen (aussprechen) = *say*
> - jemandem [etwas] sagen (jemandem [etwas] mitteilen) = *tell somebody (something)*

Beachten Sie: *tell* kann nicht ohne Nennung der angesprochenen Person verwendet werden. Ausnahmen: *tell a story* (eine Geschichte erzählen), *tell the truth* (die Wahrheit sagen), *tell lies* (lügen)

Wer die Wahl hat, hat die Qual   1.2

say   tell

1. Tom hat nur wenig **gesagt**.
   Tom didn't _____ much.

2. Er **sagte** mir, wie ich dort hinkomme.
   He _____ me how to get there.

3. **Sagt** sie die Wahrheit? Was meinst du?
   Is she _____ing the truth? What do you think?

4. Er **sagte**: „Ich weiß es nicht."
   He _____ , "I don't know."

5. Fabian **sagte** mir die Adresse.
   Fabian _____ me the address.

6. Daniela hat den ganzen Abend kein einziges Wort **gesagt**.
   Daniela didn't _____ a single word all evening.

Schatten

→ • Schatten (schattiger Platz, vor der Sonne geschützt) = *shade*
   • Schatten (Schattenumriss einer Person/Sache) = *shadow*

shade   shadow

1. Versuch doch irgendwo im **Schatten** zu parken.
   Try and park somewhere in the _____ .

2. Ich sah den **Schatten** eines Mannes an der Mauer.
   I saw the _____ of a man on the wall.

3. Er verfolgt mich ständig, wie ein **Schatten**.
   He's constantly following me around, like a _____ .

---

ruhig ¹steady ²calm ³quiet ⁴quiet ⁵still ⁶calm ⁷quiet   **sagen** ¹say ²told ³tell ⁴said ⁵told ⁶say   **Schatten** ¹shade ²shadow ³shadow

1.2 Wortschatz

(sich) (an-/hin)schauen / sehen

> - (hin)schauen (bewusstes, aufmerksames Richten der Augen auf etwas) = *look*
> - (sich) etwas/jemanden anschauen = *look at*
> - (sich) etwas/jemanden längere Zeit anschauen (verfolgen, beobachten) = *watch*

Beachten Sie: *watch* kann nur bei etwas Bewegtem/Beweglichem gebraucht werden.

look   look at   watch

1. Wir haben das Feuerwerk vom Balkon aus **angeschaut**.
   We _____ the firework display from our balcony.

2. Sie **sah** mich **an**, als käme ich vom Mars.
   She _____ me as if I came from Mars.

3. Sie küssen sich gerade. **Schau** jetzt nicht **hin**!
   They're just kissing. Don't _____ now.

4. **Sieh** dir dieses Bild hier **an**.
   _____ this picture here.

5. Willst du dir das Fußballspiel **ansehen**?
   Are you going to _____ the football match?

6. **Schau**, ein Kaninchen!
   _____, a rabbit!

7. Sie **sah** sich das Foto mehrere Minuten **an**.
   She _____ the photo for several minutes.

Wer die Wahl hat, hat die Qual 1.2

schlafen

> - schlafen (in Bezug auf Schlafgewohnheiten, Schlafdauer, Schlafqualität, vorübergehende Schlafweise) = *sleep*
> - schlafen (im Zustand des Schlafens sein) = *be asleep*

be asleep   sleep

1. Ich **schlafe** sieben Stunden.
   I _____ seven hours.

2. Wo ist Tim? – Er **schläft**.
   Where's Tim? – He _____ .

3. Ich habe **geschlafen**, als der Maler kam.
   I _____ when the painter came.

4. Wir **schliefen** bis halb drei, dann hat der Bergführer uns geweckt.
   We _____ till 2.30 then the guide woke us.

5. Die Kinder **schlafen**.
   The children _____ .

6. Haben Sie gut **geschlafen**?
   Did you _____ well?

7. Sie **schläft** sehr unruhig heute Abend.
   She _____ very restlessly this evening.

---

schauen ¹watched ²looked at ³look ⁴Look at ⁵watch ⁶Look ⁷looked at
schlafen ¹sleep ²is asleep ³was asleep ⁴slept ⁵are asleep ⁶sleep ⁷is sleeping

1.2 Wortschatz

schnell

> - schnell (von der Bewegung / Bewegungsmöglichkeit her) = *fast*
> - schnell (nur kurze Zeit beanspruchend) = *quick*

fast   quick

1. Werfen wir einen **schnellen** Blick in die alte Kirche.
   Let's have a _____ look in the old church.

2. Es war immer mein Traum, einen **schnellen** Wagen zu haben.
   I've always dreamed of having a _____ car.

3. Es ist eine **schnelle** Straße. Man kommt gut voran.
   It's a _____ road. You can get on.

4. Ich brauche eine **schnelle** Antwort: ja oder nein.
   I need a _____ answer: yes or no.

5. Er ist ein sehr **schneller** Läufer.
   He's a very _____ runner.

6. Wir nahmen eine **schnelle** Mahlzeit zu uns und waren schon wieder unterwegs.
   We had a _____ meal and were off again.

schwer

> - schwer (von Gewicht) = *heavy*
> - schwer (schwierig) = *difficult, hard*
> - schwer (ernsthaft) = *serious*
> - schwer (in festen Wendungen): *bad, hard, stinking* usw.

bad(ly)   difficult   hard   heav(il)y   serious(ly)   stinking

1. Sie hatte eine **schwere** Verletzung.
   She had a _____ injury.

Wer die Wahl hat, hat die Qual 1.2

2. Mann, ist der Koffer **schwer**.
   Goodness, the suitcase is _____ .

3. Mein Onkel ist sehr **schwer**hörig.
   My uncle is very _____ of hearing.

4. Die Prüfung war verdammt **schwer**.
   The exam was bloody _____ .

5. Ich musste **schwer** arbeiten.
   I had to work _____ .

6. Es war eine sehr **schwere** Entscheidung.
   It was a very _____ decision.

7. Das ist **schwer** zu verstehen / sich vorzustellen, ich weiß.
   That's _____ to understand/imagine, I know.

8. Ich hatte einen **schweren** Fehler gemacht.
   I had made a _____ mistake.

9. Ich war **schwer** enttäuscht.
   I was _____ disappointed.

10. Sie kann nicht singen. Sie hat eine **schwere** Erkältung.
    She can't sing. She has a _____ cold.

11. Um das Parlamentsgebäude tobten **schwere** Kämpfe.
    There was _____ fighting round the parliament building.

12. Seine Tante ist **schwer**reich.
    His aunt is _____ rich.

13. Der Boden hier oben ist furchtbar **schwer**.
    The soil up here is very _____ .

---

schnell [1]quick [2]fast [3]fast [4]quick [5]fast [6]quick **schwer** [1]serious [2]heavy [3]hard [4]difficult/hard [5]hard [6]difficult/hard [7]difficult/hard [8]serious [9]badly [10]bad [11]heavy [12]stinking [13]heavy

1.2 Wortschatz

seit

> • seit (ab dem Zeitpunkt [Frage: seit wann?]) = *since*
> • seit (während, lang [Frage: wie lange?]) = *for*

for   since

1. Ich habe sie **seit** letztem Jahr nicht mehr gesehen.
   I haven't seen her _____ last year.

2. Ich warte **seit** sechs Uhr darauf, dass er anruft.
   I've been waiting for him to phone _____ six o'clock.

3. Ich warte **seit** mehr als zwei Stunden.
   I've been waiting _____ more than two hours.

4. Wir haben uns **seit** einer Ewigkeit nicht mehr gesprochen.
   We haven't spoken _____ ages.

Spiel

> • Spiel (Zeitvertreib, nette Beschäftigung – generell) = *game*
> • Spiel (offizieller Wettkampf) = *match*

game   match

1. „Monopoly" ist ein weltbekanntes **Spiel**.
   "Monopoly" is a world-famous _____ .

2. Die Kinder erfinden immer neue **Spiele**.
   The children are always thinking up new _____ .

3. Heute Abend läuft ein Fußball**spiel** im Fernsehen.
   There's a football _____ on TV this evening.

4. Wir könnten mal heute Abend ein **Kartenspiel** machen.
   We could have a _____ of cards this evening.

Wer die Wahl hat, hat die Qual 1.2

stark

→ • stark (kräftig) = *strong*
  • stark (schwer, heftig) = *heavy*

heavy   strong

1 Der Regen war sehr **stark**.
   The rain was very _____ .

2 **Starke** Raucher sind besonders gefährdet.
   _____ smokers are especially at risk.

3 Oben auf dem Berg war der Wind richtig **stark**.
   Up on the top of the mountain the wind was really _____ .

Straße

→ • Straße (Verkehrsweg, -fläche; Straße außerhalb von Ortschaften) = *road*
  • Straße (innerorts mit Gebäuden, Teil einer Wohn- oder Geschäftsgegend) = *street*

road   street

1 Er blieb mitten auf der **Straße** stehen.
   He stopped in the middle of the _____ .

2 Es gibt viele kleine **Straßen** um den Dom.
   There are a lot of little _____ round the cathedral.

3 Die **Straßen** in diesem Stadtteil sind sicher, auch nachts.
   The _____ in this part of the town are safe, also at night.

4 Ist das die **Straße** nach Detmold?
   Is this the _____ to Detmold?

---

seit [1]since [2]since [3]for **Spiel** [1]game [2]games [3]match [4]game **stark** [1]heavy [2]Heavy [3]strong **Straße** [1]road [2]streets [3]streets [4]road

1.2 Wortschatz

tragen

> - tragen (mitführen, befördern) = *carry*
> - tragen (im übertragenen Sinne) = *bear*
> - tragen (hochhalten) = *support*
> - tragen (am Körper anhaben) = *wear*

bear   carry   support   wear

1. Du **trägst** die Verantwortung.
   You _____ the responsibility.

2. Sie **trug** einen Armreif aus purem Gold.
   She was _____ a bracelet made of pure gold.

3. **Tragen** Polizisten Schusswaffen in diesem Land?
   Do police officers _____ guns in this country?

4. An deiner Stelle würde ich keine Jeans zum Vorstellungsgespräch **tragen**.
   If I were you, I wouldn't _____ jeans to an interview.

5. Diese vier Balken **tragen** das ganze Obergeschoss.
   These four beams _____ the whole of the upper storey.

6. Wer wird die Kosten **tragen** müssen?
   Who will have to _____ the costs?

7. Das Wasser ist so salzhaltig, dass man davon **getragen** wird.
   The water is so salty that it _____ you.

8. Wer **trägt** mir den Koffer rein?
   Who's going to _____ my suitcase inside for me?

9. Endlich fangen unsere vielen Anstrengungen an Früchte zu **tragen**.
   At last our efforts are beginning to _____ fruit.

Wer die Wahl hat, hat die Qual 1.2

verstehen

→ • verstehen (begreifen) = *understand*
  • verstehen (akustisch wahrnehmen) = *hear*

hear   understand

1 Ich **verstehe** nicht, warum er nicht wartet.
   I don't _____ why he doesn't wait.

2 Es war so laut, ich konnte ihn nicht richtig **verstehen**.
   It was so noisy, I couldn't _____ him properly.

vor

→ • vor (räumlich) = *in front of*
  • vor (zeitlich, Gegenteil von „nach") = *before*, (bei Uhrzeit:) *to*
  • vor (zeitlich, im Sinne von „her") = *ago*

ago   before   in front of   to

1 Ich war **vor** Ihnen da!
   I was here _____ you!

2 Ein großer Mann saß genau **vor** mir.
   A tall man sat right _____ me.

3 Wir treffen uns um zehn **vor** sechs.
   We'll meet at ten _____ six.

4 Ich habe ihn zuletzt **vor drei Tagen** gesehen.
   I last saw him _____ .

5 Ich rufe **vor** dem Abendessen an.
   I'll call _____ supper.

---

tragen [1]bear [2]wearing [3]carry [4]wear [5]support [6]bear [7]supports [8]carry [9]bear **verstehen** [1]understand [2]hear **vor** [2]before [2]in front of [3]to [4]three days ago [5]before

1.2 Wortschatz

während

> - während (leitet Satz ein) = *while*
> - während (steht vor einem Nomen) = *during*

during   while

1   **Während** ich schlief, räumten sie die Wohnung aus.
   _____ *I slept, they emptied the flat.*

2   **Während** des Vormittags gehen die meisten Anrufe ein.
   Most calls come in _____ *the morning.*

3   **Während** des Vorstellungsgesprächs fing er an zu zittern.
   He started to tremble _____ *the interview.*

4   Der Briefträger kam, **während** ich wartete.
   The postman came _____ *I was waiting.*

Wer die Wahl hat, hat die Qual 1.2

wohnen

→ • wohnen (zu Hause sein) = *live*
  • wohnen (vorübergehend als Gast untergebracht sein) = *stay*

live   stay

1 Wir **wohnen** im Hotel Hyatt.
   We're _____ at the Hyatt Hotel.

2 Wie lange **wohnen** Sie hier schon? – Zehn Jahre.
   How long have you been _____ here now? – Ten years.

3 Wenn ich nach London fahre, **wohne** ich meist bei Freunden.
   When I go to London, I usually _____ with friends.

---

während ¹While ²during ³during ⁴while   **wohnen** ¹staying ²living ³stay

1.2 Test

Übersetzen Sie die deutschen Wörter in Klammern ins Englische.

1. We were (*früher einmal*) invited to a party by a film star.
___

2. Are you (*fertig*) with the photocopier now? Can I use it?
___

3. Have you (*bestellt*) the table at the Indian restaurant yet?
___

4. Fruit and salad are (*gesund*). Come on, have some more.
___

5. I'll let you know (*bis*) Saturday if I can come or not.
___

6. Who is the children's swimming (*Lehrer*)?
___

7. It's a big repair. It will (*dauern*) some time.
___

8. When will you (*machen*) your exam?
___

9. I suddenly (*bemerkte*) that I didn't know her surname.
___

10. The pullover doesn't (*passen zum*) the trousers very well.
___

11. It's so cold in here. – Yes, the heating (*geht nicht*) today, I'm afraid.
___

12. These jeans are very (*eng*). I have to go on a diet.
___

13. Tony (*sagte*) me that he could help.
___

Wer die Wahl hat, hat die Qual

14 I had to sleep on the (*Boden*) in the livingroom.
___

15 This flat is (*kleiner*) than our old one.
___

16 Where do I have to (*aussteigen*)? – At the next stop.
___

17 Is this the (*Straße*) to Gainsville?
___

18 It all (*braucht*) time. Don't be in such a hurry.
___

19 Who's going to (*fahren*) home from the party, you or me?
___

20 Where do their children (*besuchen*) school?
___

21 We went on a great (*Reise*) to Canada last autumn.
___

22 (*Erinnere*) me to phone Don this evening.
___

23 Who is going to (*bezahlen*) the damage?
___

24 Many people in Africa are in (*großer*) need.
___

25 I (*erkannte*) that it was silly to wait any longer.
___

[1]once [2]finished [3]booked/reserved [4]good for you [5]by [6]instructor [7]take [8]do/take [9]realized [10]match [11]isn't working [12]tight [13]told [14]floor [15]smaller [16]get off [17]road [18]takes [19]drive [20]attend/go to [21]trip [22]Remind [23]pay for [24]great [25]realized

1.3 Wortschatz

1.3 Achtung, falscher Freund!
Deutsch-englische Wortpaare, die gleich aussehen, aber Unterschiedliches bedeuten

Vervollständigen Sie das Lösungswort.

Aktion – *action*

> • *action* = Tat, Handlung, Handeln
> *I want to see **action**, not words!* = Ich will Taten sehen, nicht Worte!

1   Für den Herbst planen wir eine große Werbe**aktion**.
    For the autumn we're planning a big advertising cam_____ .

2   200 Polizisten waren an der Rettungs**aktion** beteiligt.
    200 police officers took part in the rescue op_____ .

aktuell – *actual(ly)*

> • *actual(ly)* = tatsächlich
> *We did **actually** see a leopard.* = Wir haben tatsächlich einen Leoparden gesehen.

1   Dieser Fahrplan ist nicht mehr **aktuell**. [= gültig]
    This timetable is no longer va_____ .

2   Das Thema des Films ist sehr **aktuell**. [= wichtig, von momentanem Interesse]
    The subject of the film is very to_____ .

3   Die Nachrichten sind voll der **aktuellen** Ereignisse in Iran.
    [= gegenwärtig]
    The news is full of the cu_____ events in Iran.

Achtung, falscher Freund! 1.3

Allee – *alley*

> • *alley* = Gasse / schmaler Weg
> *an **alley** by the side of the supermarket* = ein schmaler Weg neben dem Supermarkt

1. Die Straße zum Schloss war eine **Allee** mit wunderschönen Buchen.
   The road to the castle was an av_____ of beautiful beech trees.

Ambulanz – *ambulance*

> • *ambulance* = Krankenwagen
> *He was taken to hospital in an **ambulance**.* = Er wurde mit dem Krankenwagen ins Krankenhaus gebracht.

1. Die **Ambulanz** war voll und ich musste zwei Stunden warten.
   The out-pa_____' department was full and I had to wait two hours.

annoncieren – *announce*

> • *announce* = bekannt geben, ankündigen
> ***announce** one's resignation* = seinen Rücktritt bekannt geben

1. Wir haben **annonciert** und über 300 Bewerbungen erhalten.
   We adv_____ed and received over 300 applications.

Aktion [1]campaign [2]operation   **aktuell** [1]valid [2]topical [3]current
Allee [1]avenue   **Ambulanz** [1]out-patients'   **annoncieren** [1]advertised

1.3 Wortschatz

bekommen – *become*

> • *become* = werden
> *Elizabeth **became** Queen in 1953.* = Elizabeth wurde Königin im Jahre 1953.

1 Wir **bekommen** viele Anfragen aus dem Ausland.
   We _____ a lot of enquiries from abroad.

2 Astrid **hat** ein Baby **bekommen**, einen kleinen Jungen.
   Astrid has _____ a baby, a little boy.

blamieren – *blame*

> • *blame* = die Schuld geben
> *The boss **blamed** me.* = Der Chef gab mir die Schuld.

1 In dem Interview hat er sich richtig blamiert.
   In the interview he m_____ a real f_____l of himself.

blinken – *blink*

> • *blink* = blinzeln
> ***blink** when you come into the sunlight* = blinzeln, wenn man in die Sonne kommt

1 Der Fahrer hat links **geblinkt** und ist dann rechts abgebogen.
   The driver indi_____ left, then turned off right.

Achtung, falscher Freund! 1.3

Branche – *branch*

> • *branch* = Zweigstelle
> *a **branch** of Lloyds Bank* = eine Zweigstelle der Lloyds Bank

1 Ich arbeite in der Werbe**branche**.
   I'm in the advertising bus_____.

brav – *brave*

> • *brave* = mutig, tapfer
> *a **brave** woman* = eine mutige Frau

1 Die Kinder waren den ganzen Abend **brav**.
   The children were g_____ all evening.

Chef – *chief, chef*

> • *chief* = „Häuptling"; *chef* = „Koch / Küchenchef"
> *an Apache **chief*** = ein Apachenhäuptling
> *The **chef** served the dessert himself.* = Der Koch servierte den Nachtisch selbst.

1 Wie ist dein neuer **Chef**?
   What's your new b_____ like?

2 Das ist unsere neue **Chef**ingenieurin / **Chef**redakteurin / **Chef**designerin.
   That's our new c_____ engineer / c_____ editor / c_____ designer.

---

bekommen ¹get/have/receive ²had **blamieren** ¹made a real fool of himself **blinken** ¹indicated **Branche** ¹business **brav** ¹good **Chef** ¹boss ²chief (Ausnahme)

1.3 Wortschatz

City – *city*

→ • *city* = Großstadt
  the city of New York = die Großstadt New York

1   Sie will ein neues Geschäft in der **City** eröffnen.
    She wants to open a new shop in the town/city cen_____.

Direktion – *direction*

→ • *direction* = Richtung
  Which direction is the sea? = In welcher Richtung liegt das Meer?

1   Die **Direktion** hat das gestern beschlossen.
    The man_____ decided yesterday.

engagiert – *engaged*

→ • *engaged* = verlobt
  They've been engaged for 12 years. = Sie sind seit 12 Jahren verlobt.

1   Sie ist in der Lokalpolitik stark **engagiert**.
    She's heavily inv_____ in local politics.

eventuell – *eventually*

→ • *eventually* = schließlich, endlich
  I got used to things eventually. = Ich habe mich schließlich an die Situation gewöhnt.

1   Ich komme **eventuell** nicht, ich kann es noch nicht versprechen.
    I m_____ not come, I can't promise yet.

Achtung, falscher Freund! 1.3

Fabrik – *fabric*

> • *fabric* = Stoff
> What *fabric* is this made from? = Aus welchem Stoff ist das?

1 Neue **Fabriken** entstanden auf der grünen Wiese.
   New f_____ were built on green-field sites.

fatal – *fatal*

> • *fatal* = tödlich; verhängnisvoll
> a *fatal* accident, a *fatal* mistake = ein tödlicher Unfall, ein verhängnisvoller Fehler

1 Der Rechtstreit war eine **fatale** Sache.
   The lawsuit was an unfor_____ affair.

Flur – *floor*

> • *floor* = Fußboden; Etage
> sit on the *floor*, a flat on the 10th *floor* = auf dem Fußboden sitzen, eine Wohnung in der 10. Etage

1 Der **Flur** war schmal und dunkel.
   The h_____ was narrow and dark.

City ¹centre **Direktion** ¹management **engagiert** ¹involved
eventuell ¹may **Fabrik** ¹factories **fatal** ¹unfortunate **Flur** ¹hall

1.3 Wortschatz

Formular – *formula*

→ • *formula* = Formel
  *a mathematical **formula*** = eine mathematische Formel

1   Ich musste drei **Formulare** ausfüllen.
    I had to fill in three _____s.

Fotograf – *photograph*

→ • *photograph* = Fotografie
  *a black-and-white **photograph*** = eine Schwarz-Weiß-Fotografie

1   Er arbeitet als **Fotograf** bei einer Werbeagentur.
    He works as a _____ for an advertising agency.

Gasthaus – *guesthouse*

→ • *guesthouse* = Pension
  *a **guesthouse** in a seaside town* = eine Pension in einer Stadt am Meer

1   Wir aßen zu Mittag in einem alten **Gasthaus** auf dem Land.
    We had lunch in an old country i_____.

Gift – *gift*

→ • *gift* = Geschenk
  *a **gift** shop* = ein Geschenkeladen

1   ein tödliches **Gift**
    a deadly poi_____

Achtung, falscher Freund! 1.3

Gymnasium – *gymnasium*

→ • *gymnasium* = Turn-/Sporthalle
*play badminton in the **gymnasium*** = Badminton in der Turnhalle spielen

1 In Großbritannien sind die **Gymnasien** fast alle abgeschafft.
In Britain nearly all the g_____ schools have been abolished.

Handy – *handy*

→ • *handy* [Adjektiv] = praktisch, griffbereit
*It's **handy** to have a doctor as a neighbour.* = Es ist praktisch einen Arzt als Nachbarn zu haben.

1 Meine **Handy**nummer ist 0123-41018197.
My m_____ number is 0123-41018197.

Hausmeister – *housemaster*

→ • *housemaster* = Internatsleiter
*the **housemaster** at a boarding school* = der Internatsleiter an einer Internatsschule

1 Der **Hausmeister** hat mir mit einem Doppelstecker ausgeholfen.
The care_____ helped me out with an adapter.

Formular ¹forms **Fotograf** ¹photographer **Gasthaus** ¹inn **Gift** ¹poison
Gymnasium ¹grammar **Handy** ¹mobile **Hausmeister** ¹caretaker

1.3 Wortschatz

Hochschule – *high school*

> • *high school* = weiterführende Schule (in den USA)
> *leave **high school** and get a job* = von der Highschool abgehen und eine Arbeit aufnehmen

1 An welcher **Hochschule** haben Sie studiert?
   Which u_____ did you study at?

irritieren – *irritate*

> • *irritate* = nerven
> *This tapping is beginning to **irritate** me.* = Dieses Klopfen beginnt mir auf die Nerven zu gehen.

1 Ich bin ganz **irritiert**. Ich weiß nicht mehr, wo ich anfangen soll.
   I'm completely con_____. I don't know where to start.

Kaution – *caution*

> • *caution* = Vorsicht
> *We must proceed with **caution**.* = Wir müssen mit Vorsicht vorgehen.

1 zwei Monatsmieten **Kaution**
   two months rent as a dep_____

2 Er wurde gegen **Kaution** freigelassen.
   He was released on ba_____.

Achtung, falscher Freund! 1.3

Keks – *cake*

→ • *cake* = Kuchen
 *a piece of chocolate **cake*** = ein Stück Schokoladenkuchen

1 Bitte stellen Sie noch ein paar **Kekse** hin.
 *Please put out a few (BE:) b_____ /(AE:)
 c_____, too.*

komfortabel – *comfortable*

→ • *comfortable* = bequem
 *a nice **comfortable** chair* = ein schöner bequemer Sessel

1 Sie besitzen eine sehr **komfortable** Wohnung in einem bevorzugten Wohngebiet.
 They own a very lux_____ flat in an exclusive area.

konsequent – *consequent*

→ • *consequent* = daraus resultierend
 *Oil prices doubled and the **consequent** rise in inflation …*
 = Die Ölpreise haben sich verdoppelt und der daraus resultierende Inflationsanstieg …

1 Sie kämpfte **konsequent** für die Modernisierung.
 She fought consi_____ for modernization.

Hochschule [1]university **irritieren** [1]confused **Kaution** [1]deposit [2]bail
Keks [1]biscuits/cookies **komfortabel** [1]luxurious **konsequent** [1]consistently

kontrollieren – *control*

→ • *control* = kontrollieren (= unter Kontrolle haben/halten); steuern, regeln
Big firms **control** the market. = Große Firmen kontrollieren den Markt.
He can't **control** his children. = Er kann seine Kinder nicht unter Kontrolle halten.
This robot **controls** the whole process. = Dieser Roboter steuert das ganze Verfahren.

1 Unsere Fahrkarten sind kein einziges Mal **kontrolliert** worden.
Our tickets weren't c_____ed once.

Konzept – *concept*

→ • *concept* = Begriff
The Internet was a new **concept** then. = Das Internet war damals ein neuer Begriff.

1 Bis zum Jahresende soll das **Konzept** stehen.
The pl_____ is to be completed by the end of the year.

Kritik – *critic*

→ • *critic* = Kritiker/in, Rezensent/in
His son was his harshest **critic**. = Sein Sohn war sein schärfster Kritiker.

1 Hast du die **Kritik** gelesen? In der gestrigen Ausgabe?
Have you read the rev_____? In yesterday's edition?

Achtung, falscher Freund! 1.3

Lust – *lust*

→ • *lust* = Begierde, Wollust
   *the victim of **lust*** = das Opfer der Begierde

1. Ich habe **Lust** am Wochenende wegzufahren.
   I feel l_____ going away for the weekend.

Mappe – *map*

→ • *map* = (Land-)Karte, Plan
   *show me on the **map*** = zeig es mir auf der Karte

1. Ich brauche die **Mappe** mit den Rechnungen vom Juni.
   I need the fo_____er with the June bills.

Marke – *mark*

→ • *mark* = (Zensur-)Note; Fleck
   *The teacher gave me a good **mark**.* = Die Lehrerin gab mir eine gute Note.
   *a **mark** on the table* = ein Fleck auf dem Tisch

1. Welche **Marke** kaufen Sie?
   What br_____ do you buy?

2. Man tauscht die **Marke** an der Theke ein.
   You exchange your vou_____ at the counter.

---

kontrollieren ¹checked **Konzept** ¹plan **Kritik** ¹review **Lust** ¹like
Mappe ¹folder **Marke** ¹brand ²voucher

1.3 Wortschatz

Meinung – *meaning*

> • *meaning* = Bedeutung
> the **meaning** of a word = die Bedeutung eines Wortes

1 Wie ist Ihre **Meinung**?
What's your o_____?

Mörder – *murder*

> • *murder* = Mord
> the sixth **murder** this month = der sechste Mord in diesem Monat

1 Die Polizei hat den vermutlichen **Mörder** geschnappt.
The police have caught the suspected m_____.

Note – *note*

> • *note* = Notiz, Zettel
> make **notes** = Notizen machen
> I'll write her a **note**. = Ich schreibe ihr einen Zettel.

1 Welche **Note** hat der Englischlehrer gegeben?
What m_____ did the Engish teacher give?

Notiz – *notice*

> • *notice* = Anschlag; Kündigungsfrist
> hang a **notice** on the wall = einen Anschlag an der Wand anbringen
> six months **notice** = sechs Monate Kündigungsfrist

1 Ich kann die eigenen **Notizen** nicht mehr lesen.
I can't read my own n_____ any more.

Achtung, falscher Freund! 1.3

Oldtimer – *oldtimer*

→ • *oldtimer* = alter Knabe, alter Hase
an **oldtimer** who has lived here for 50 years = ein alter Knabe, der seit 50 Jahren hier lebt

1   Millionäre können es sich leisten, **Oldtimer** zu sammeln.
    Millionaires can afford to collect vet_____ cars.

Paket – *packet*

→ • *packet* = Päckchen
a **packet** of biscuits/butter/tea = ein Päckchen Kekse/Butter/Tee

1   Zwei Tage vor dem Geburtstag kam ein Riesen**paket** an.
    Two days before the birthday a huge par_____ arrived.

2   Welches Software**paket** benutzen Sie?
    What software pack_____ do you use?

Personal – *personal*

→ • *personal* = persönlich
personal phone calls = persönliche Telefongespräche

1   Das ist der **Personal**eingang.
    This is the st_____ entrance.

Meinung ¹opinion **Mörder** ¹murderer **Note** ¹mark **Notiz** ¹notes
Oldtimer ¹veteran **Paket** ¹parcel ²package **Personal** ¹staff

1.3 Wortschatz

Phrase – *phrase*

> • *phrase* = Ausdruck, Wendung
> learn words in a **phrase** = Wörter in einer Wendung lernen

1   Nichts als leere **Phrasen**!
    Nothing but empty cli_____és.

plump – *plump*

> • *plump* = mollig
> a **plump** lady in a white hat = eine mollige Dame mit einem weißen Hut

1   Er machte ziemlich **plumpe** Erklärungsversuche.
    He made pretty cl_____ attempts to explain himself.

Promotion – *promotion*

> • *promotion* = Beförderung
> **promotion** after only six months = Beförderung schon nach sechs Monaten

1   Wann wollen Sie Ihre **Promotion** abschließen?
    When do you want to finish your doc_____ ?

Prospekt – *prospect*

> • *prospect* = Aussicht
> the **prospects** of improvement = die Aussichten auf eine Verbesserung

1   Ein Messestand ohne **Prospekte**?!
    A stall at the fair without br_____ ?!

Achtung, falscher Freund! 1.3

Provision – *provision*

→ • *provision* = Bereitstellung
the **provision** of tents for the earthquake victims = die Bereitstellung von Zelten für die Opfer des Erdbebens

1 Er verdient 7% **Provision** bei jedem Vertrag.
   He earns 7% comm_____ on every contract.

Reklamation – *reclamation*

→ • *land reclamation* = Landgewinnung
the **reclamation** of land by building dikes = Landgewinnung durch Eindeichung

1 Ich möchte mit dem Manager sprechen. Ich habe eine **Reklamation**.
   I would like to speak to the manager. I have a c_____.

Rente – *rent*

→ • *rent* = Miete
$1500 **rent** a month = $1500 Miete im Monat

1 Sie bezieht eine **Rente** von ihrer alten Firma.
   She gets a p_____ from her old firm.

Phrase ¹clichés plump ¹clumsy Promotion ¹doctorate
Prospekt ¹brochures Provision ¹commission Reklamation ¹complaint
Rente ¹pension

1.3 Wortschatz

schmal – *small*

→ • *small* = klein
  a **small** pension = eine kleine Rente

1 **schmale** Gassen um die Kathedrale
  n_____ lanes round the cathedral

sensibel – *sensible*

→ • *sensible* = vernünftig
  Now be **sensible**! = Jetzt sei doch vernünftig!

1 Der Markt reagiert zurzeit sehr **sensibel** auf Preiserhöhungen.
  At the moment the market is reacting very s_____ely to price increases.

spenden – *spend*

→ • *spend* = (Geld) ausgeben, (Zeit) verbringen
  I **spent** $200. = Ich habe $200 ausgegeben.
  We **spent** 2 weeks in Florida. = Wir verbrachten 2 Wochen in Florida.

1 Wir **spenden** den Erlös wohltätigen Zwecken.
  We're don_____ing the proceeds to charity.

stickig – *sticky*

→ • *sticky* = klebrig
  sticky fingers = klebrige Finger

1 Ich mache ein Fenster auf. Es ist sehr **stickig** hier drin.
  I'll open a window. It's very stu_____ in here.

Achtung, falscher Freund! 1.3

sympathisch – *sympathetic*

> • *sympathetic* = mitfühlend, verständnisvoll
> *I didn't pass, but everybody was very **sympathetic**.* = Ich habe nicht bestanden, aber alle waren sehr mitfühlend.

1 Ich finde den neuen Hausmeister sehr **sympathisch**.
I find the new caretaker very pleas_____.

Tablett – *tablet*

> • *tablet* = Tablette
> *one **tablet** mornings and evenings* = eine Tablette morgens und abends

1 Sie hat das **Tablett** mit den Gläsern fallen lassen.
She dropped the tr_____ with the glasses.

Warenhaus – *warehouse*

> • *warehouse* = Lager(haus)
> *store goods in the **warehouse*** = Waren im Lagerhaus lagern

1 Macy's ist das berühmteste **Warenhaus** New Yorks.
Macy's is New York's most famous depa_____ st_____.

---

schmal [1]narrow **sensibel** [1]sensitively **spenden** [1]donating
stickig [1]stuffy **sympathisch** [1]pleasant **Tablett** [1]tray
Warenhaus [1]department store

1.3 Test

Korrigieren Sie den durchgestrichenen Ausdruck.

1. Can I ~~become~~ another beer, please?

2. What did the ~~chief~~ say when you told him you were leaving the firm?

3. I ~~will not come eventually~~, I'm not sure yet.

4. The children were no problem, they were ~~brave~~ all evening.

5. The new car ~~fabric~~ will provide jobs for 2000 people.

6. Damian is a good ~~photograph~~. He works mainly in black and white.

7. What do you do for a living? – I'm in the insurance ~~branch~~.

8. We had lunch in an old ~~guesthouse~~.

9. Tom is very ~~engaged~~ in local politics.

10. I must remember to switch off my ~~handy~~ before the concert starts.

11. My children are in the sixth class at ~~gymnasium~~.

12. I think it's a good idea. What's your ~~meaning~~?

13. The hotel you were interested in has sent a ~~prospect~~.

Achtung, falscher Freund! 1.3

14 This timetable is no longer ~~actual~~.

15 KaDeWe is Berlin's most famous ~~warehouse~~.

16 He can't take ~~critic~~. He's always so offended.

17 He took up her breakfast on a ~~tablet~~.

18 You don't find out who the ~~murder~~ is till the last page.

19 On the second train they didn't ~~control~~ our tickets once!

20 The streets round the cathedral are very ~~small~~.

21 I'll leave Jenny a ~~notice~~ so that she knows where we've gone.

22 They are planning a big new advertising ~~action~~.

23 How old does a car have to be before it's ~~an oldtimer~~.

24 Where can I put the ~~map~~ with the letters and photos in?

25 I get a small ~~rent~~ from the state, but it's not enough to live on.

[1]have [2]boss [3]may not come [4]good [5]factory [6]photographer [7]business
[8]inn [9]involved [10]mobile (phone) [11]grammar school [12]opinion
[13]brochure [14]valid [15]department store [16]criticism [17]tray [18]murderer
[19]check [20]narrow [21]note [22]campaign [23]a veteran/vintage car [24]folder
[25]pension

1.4 Wortschatz

1.4 Eins plus eins ist nicht gleich zwei!
Trügerische Zusammensetzungen und Wendungen

Wählen Sie die richtige Entsprechung aus.

Appetit – *appetite*

→ • guten Appetit ≠ ~~good appetite~~

1   Fehlt jemandem noch was? Na dann, **guten Appetit**.
    Has everybody got everything? OK then, … .
    ❏ *eat well*   ❏ *enjoy it*   ❏ *good meal*

Arm – *arm*

→ • auf den Arm nehmen ≠ ~~take on one's arm~~

1   **Nimmst** du mich **auf den Arm**, oder meinst du es ernst?
    Are you … , or are you serious?
    ❏ *holding my thumbs*   ❏ *pulling my leg*   ❏ *winding me*

Auge – *eye*

→ • unter vier Augen ≠ ~~… four eyes~~

1   Könnten wir einmal **unter vier Augen** darüber sprechen?
    Could we talk about it … ?
    ❏ *confidently*   ❏ *in private*   ❏ *in peace and quiet*

Eins plus eins ist nicht gleich zwei! 1.4

bar – *bar*

→ • (in) bar [Geld] ≠ ~~in bar~~

1 Wie zahlen Sie – per Scheck oder **(in) bar**?
   How do you want to pay for this – by cheque or … ?
   ❑ *hard*   ❑ *in cash*   ❑ *money*

Beruf – *job/profession*

→ • was sind Sie von Beruf? ≠ ~~What are you in your profession?~~

1 **Was sind Sie von Beruf?** – Netzwerkadministrator.
   What … ? – Network administrator.
   ❑ *do you*   ❑ *do you do for a living*   ❑ *work do you have*

Betrag – *amount*

→ • Kleckerbeträge ≠ ~~… amounts~~

1 Die Portokosten sind doch **Kleckerbeträge**.
   Postage costs are … .
   ❑ *ground zero*   ❑ *peanuts*   ❑ *next to nothing*

Bewegung – *movement*

→ • Keine Bewegung! ≠ ~~No movement!~~

1 Der Polizist schoss in die Luft und rief „**Keine Bewegung!**".
   The policeman fired into the air and shouted "…".
   ❑ *Don't move!*   ❑ *Hands up!*   ❑ *Stand still!*

Appetit ¹enjoy it Arm ¹pulling my leg Auge ¹in private bar ¹in cash
Beruf ¹do you do for a living Betrag ¹peanuts Bewegung ¹Don't move!

1.4 Wortschatz

bewusst – *conscious*

→ • selbstbewusst ≠ ~~self-conscious~~

1 Tanja ist eine sehr selbst**bewusste** junge Frau.
Tanja is a very self-… young woman.
❏ *aware* ❏ *confident* ❏ *strong*

Beachten Sie: *self-conscious* bedeutet genau das Gegenteil von „selbstbewusst", nämlich „gehemmt, unsicher, befangen"*: He can't stand up and talk to 200 people, he's much too self-conscious.*

blau – *blue*

→ • ein blaues Auge ≠ ~~a blue eye~~

1 Was ist mit dir passiert? Du hast ja **ein blaues Auge**.
What's happened to you? You've got a … eye.
❏ *black* ❏ *green* ❏ *red*

danke – *thank you*

→ • danke [nein] ≠ ~~thank you~~

1 Noch ein Glas Wein? – **Danke**, ich muss noch fahren.
Another glass of wine? – … , I still have to drive.
❏ *I thank, no* ❏ *No thanks* ❏ *Thanks not*

Eins plus eins ist nicht gleich zwei! 1.4

Daumen – *thumb*

> • die Daumen halten ≠ ~~hold your thumbs~~

1   Ich **halte** dir **die Daumen**. Viel Glück!
    I'll … for you. Good luck!
    ❏ *keep my fingers crossed*   ❏ *say seven*   ❏ *double my thumbs*

egal – *equal*

> • egal sein ≠ ~~be equal~~

1   **Es ist mir egal**, wo wir uns treffen.
    … where we meet.
    ❏ *No difference*   ❏ *I don't mind*   ❏ *It's the same*

einbrechen – *break in*

> • Einbrecher ≠ ~~breaker in~~

1   Die **Einbrecher** kamen, als die Familie draußen im Garten war.
    The … came while the family was out in the garden.
    ❏ *burglars*   ❏ *criminals*   ❏ *thieves*

---

bewusst [1]confident **blau** [1]black **danke** [1]No thanks **Daumen** [1]keep my fingers crossed **egal** [1]I don't mind **einbrechen** [1]burglars

1.4 Wortschatz

einziehen – *move in*

→ • Einzugsparty ≠ ~~moving in party~~

1 Nächsten Samstag feiern wir unsere **Einzugsparty**. Kommt ihr?
Next week we're having our … . Are you coming?
  ❏ *housewarming party*   ❏ *moving party*   ❏ *removal party*

Ende – *end*

→ • Happy-End ≠ ~~happy end~~

1 Nicht schon wieder ein Film mit einem **Happy-End**!
Not another film with a … !
  ❏ *happy close*   ❏ *happy ending*   ❏ *happy finish*

Entscheidung – *decision*

→ • eine Entscheidung treffen ≠ ~~meet a decision~~

1 **Hast** du deine **Entscheidung getroffen**? – Ja. Ich kündige.
Have you … your decision? – Yes. I'm handing in my notice.
  ❏ *found*   ❏ *made*   ❏ *done*

erwähnen – *mention*

→ • man braucht nicht extra zu erwähnen ≠ ~~you don't have to mention extra~~

1 Dass wir sehr besorgt darüber sind, brauche ich **nicht extra zu erwähnen**.
We are very worried about this, … .
  ❏ *I don't mention*   ❏ *needless to say*   ❏ *will be oblivious*

Eins plus eins ist nicht gleich zwei! 1.4

Fall – *case*

> • für alle Fälle ≠ ~~for all cases~~

1 Ich nehme einen Regenschirm mit – **für alle Fälle**.
   I'll take an umbrella – … .
   ❑ *for sure*   ❑ *to be certain*   ❑ *just in case*

Familie – *family*

> • Familie Schmitz ≠ ~~family Schmitz~~

1 **Familie Schmitz** hat sieben Kinder.
   … has seven children.
   ❑ *The family Schmitz*   ❑ *The Schmitz family*   ❑ *The Schmitz's family*

Feuer – *fire*

> • Haben Sie Feuer? ≠ ~~Do you have fire?~~

1 Entschuldigung. **Haben Sie** zufällig **Feuer**?
   Excuse me. … by any chance?
   ❑ *Do you have light*   ❑ *Have you got a light*   ❑ *Can you fire me*

finden, Fund – *find*

> • Fundbüro ≠ ~~find office~~

1 Er bekam seine Prothese am **Fundbüro** zurück.
   He got his false teeth back at the … .
   ❑ *finding office*   ❑ *loss office*   ❑ *lost property office*

einziehen [1]housewarming party **Ende** [1]happy ending **Entscheidung** [1]made **erwähnen** [1]needless to say **Fall** [1]just in case **Familie** [1]The Schmitz family **Feuer** [1]Have you got a light **finden** [1]lost property office

1.4 Wortschatz

Freund – *friend*

> • Freunde gewinnen ≠ ~~win friends~~

1 Nach dem Umzug **haben** die Kinder rasch neue Freunde **gewonnen**.
   After our move the children soon ... new friends.
   ❏ *came to*   ❏ *made*   ❏ *took*

Gast – *guest*

> • Gastgeber/in ≠ ~~guest giver~~
> • Gastfreundschaft ≠ ~~guest friendship~~
> • Gasthaus ≠ ~~guesthouse~~

1 Die **Gastgeber** schienen nur etwa 30% der Gäste zu kennen.
   The ... seemed to know only about 30% of the guests.
   ❏ *guestgivers*   ❏ *hosts*   ❏ *inviters*

2 Ich möchte mich für Ihre **Gastfreundschaft** bedanken.
   I would like to thank you for your ... .
   ❏ *hospitality*   ❏ *kindness*   ❏ *friendliness*

3 In dem alten **Gasthaus** spukt es, sagt man.
   People say the old ... is haunted.
   ❏ *pub-house*   ❏ *inn*   ❏ *restaurant*

   Beachten Sie: Das englische *guesthouse* entspricht einer „Pension"!

Geburtstag – *birthday*

> • Geburtstag haben ≠ ~~have birthday~~

1 Morgen **habe ich Geburtstag**.
   ... tomorrow.
   ❏ *I'm born again*   ❏ *It's my day of birth*   ❏ *It's my birthday*

genau – *exact*

→ • genau genommen ≠ ~~taken exactly~~

1. Diese Designänderung ist **genau genommen** ein Vertragsbruch.
   This change in design is … a breach of contract.
   ❏ examined carefully   ❏ looked at precisely   ❏ strictly speaking

gerade – *straight*

→ • gerade Zahl ≠ ~~straight number~~

1. Denk dir eine **gerade** Zahl zwischen 10 und 30.
   Think of an … number between 16 and 30.
   ❏ equal   ❏ even   ❏ pair

   Beachten Sie: das Gegenteil „ungerade Zahl" heißt *odd number*.

Gesellschaft – *company*

→ • Fluggesellschaft ≠ ~~… company~~

1. Welche **Fluggesellschaft** ist die sicherste?
   Which … is the safest?
   ❏ airline   ❏ flight line   ❏ flying line

Freund ¹made **Gast** ¹hosts ² hospitality ³inn **Geburtstag** ¹It's my birthday **genau** ¹strictly speaking **gerade** ¹even **Gesellschaft** ¹airline

1.4 Wortschatz

gesund – *healthy*

> • der gesunde Menschenverstand ≠ ~~healthy human understanding~~

1. **Der gesunde Menschenverstand** sagt einem, dass es so nicht weiter gehen kann.
   … tells you that things can't go on like this.
   ❑ *Common sense*   ❑ *Nature*   ❑ *Straight sense*

gleich – *the same*

> • gleich alt / groß ≠ ~~the same old/big~~

1. Chefin und Verkaufsleiter sind **gleich alt**.
   The boss and the marketing manager … .
   ❑ *are equally old*   ❑ *are the same age*   ❑ *have similar age*

2. Die Zimmer sind **gleich groß**.
   The rooms … .
   ❑ *are the same size*   ❑ *are equally big*   ❑ *have same size*

Grad – *degree(s)*

> • wir haben 20 Grad ≠ ~~we have 20 degree~~
> • wie viel Grad haben wir? ≠ ~~how many … ?~~

1. **Wir haben über 30 Grad** auf der Terrasse.
   … over 30 degrees on the patio.
   ❑ *It's*   ❑ *The thermometer has*   ❑ *There are*

2. **Wie viel Grad haben wir** heute?
   … today?
   ❑ *How hot have we*   ❑ *How many degrees are there*
   ❑ *What's the temperature*

Eins plus eins ist nicht gleich zwei! 1.4

gute Nacht – *good night*

→ • Gutenachtgeschichte ≠ *good-night story*

1 Sie las Tom eine Gutenachtgeschichte aus *Tausendundeine Nacht* vor.
   She read Tom a … from the Arabian Nights.
   ❏ *bedtime story*   ❏ *night story*   ❏ *sleep-well story*

halb – *half*

→ • halb sechs [Uhrzeit] ≠ *half six*

1 Wir treffen uns um **halb acht**.
   We're meeting at … .
   ❏ *half past eight*   ❏ *half past seven*   ❏ *half of eight*

Haus – *house*

→ • Hausarzt ≠ *house doctor*
  • Haustür ≠ *house door*

1 Dr. Müller ist seit über 20 Jahren schon unser **Hausarzt**.
   Dr. Müller has been our … doctor for over 20 years.
   ❏ *family*   ❏ *own*   ❏ *personal*

2 Diebe haben die **Haustür** aufgebrochen.
   Thieves broke open the … door.
   ❏ *front*   ❏ *home*   ❏ *entry*

---

gesund [1]Common sense **gleich** [1]are the same age [2]are the same size
Grad [1]It's [2]What's the temperature **gute Nacht** [1]bedtime story **halb**
[1]half past seven **Haus** [1]family (in GB auch: GP = General Practitioner)
[2]front

1.4 Wortschatz

herzlich – *hearty*

> • herzlichen Dank, herzliche Grüße ≠ ~~hearty thanks, hearty greetings~~

1. **Herzlichen Dank.** Sie waren mir eine große Hilfe.
   … . You've been a great help to me.
   ❏ *Great thanks*   ❏ *Warm thanks*   ❏ *Thank you very much indeed*

2. Und **herzliche Grüße** an Ihre Familie!
   And … to your family!
   ❏ *best wishes*   ❏ *best greetings*   ❏ *tell hello*

Hochzeit – *wedding*

> • Hochzeitsreise ≠ ~~wedding …~~

1. Zehn Tage nach der Hochzeit fuhren sie auf **Hochzeitsreise**.
   Ten days after the wedding they went on their … .
   ❏ *honeymoon*   ❏ *kiss-trip*   ❏ *nuptual bonds*

Hymne – *hymn*

> • Nationalhymne ≠ ~~national hymn~~

1. Sie haben die falsche **Nationalhymne** gespielt – die von Uruguay, statt von Bolivien.
   They played the wrong … – Uruguay's instead of Bolivia's.
   ❏ *country hymn*   ❏ *national anthem*   ❏ *national song*

Eins plus eins ist nicht gleich zwei! 1.4

Idiot – *idiot*

→ • idiotensicher ≠ *idiot ...*

1   „Das ist eine **idiotensichere** Methode", sagte er. Dann explodierte alles.
    "This is a ... method," he said. Then everything exploded.
    ❏ *fail-safety*   ❏ *fool-proof*   ❏ *surety*

Inland-, Ausland- – *inland, foreign*

→ • Inlandflug ≠ *inland flight*
  • Auslandsflug ≠ *foreign flight*

1   **Inlandflüge**, Terminal 1; **Auslandsflüge**, Terminal 2.
    ... flights, Terminal 1; ... flights, Terminal 2.
    ❏ *Domestic ... International*   ❏ *Internal ... External*
    ❏ *Interior ... International*

Jahr – *year*

→ • ein Vierteljahr, halbes Jahr, Dreivierteljahr ≠ *a quarter, half, ... of a year* (meist)
  • 15 Jahre sein ≠ *be 15 years*

1   In **einem halben Jahr** wird alles ganz anders aussehen.
    In ... things will look quite different.
    ❏ *half this year*   ❏ *a half-year*   ❏ *six months*

2   Unser Sohn ist jetzt **14 Jahre**.
    Our son is now ... .
    ❏ *of age 14*   ❏ *14 year-old*   ❏ *14 years old*

---

herzlich [1]Thank you very much indeed [2]best wishes **Hochzeit** [1]honeymoon **Hymne** [1]national anthem **Idiot** [1]fool-proof **Inland** [1]Domestic ... International **Jahr** [1]six months(') (time) [2]14 years old

1.4 Wortschatz

Kosten – *cost(s)*

> • auf jds. Kosten ≠ ~~on sb's costs~~

1. Wer mitfahren möchte, muss das **auf eigene Kosten** tun.
   Whoever wants to go will have to do it … .
   ❏ *at their own expense*   ❏ *on their own expense*
   ❏ *under their own steam*

kurz – *short*

> • kürzlich ≠ ~~shortly~~
> • über kurz oder lang ≠ ~~… short … long~~
> • in Kürze ≠ ~~in short~~

1. „Ich habe **kürzlich**", sagte er, „den Mann im Mond kennen gelernt".
   "… ," he said, "I met the man in the moon."
   ❏ *Briefly*   ❏ *Recently*   ❏ *Shortish*

2. **Über kurz oder lang** hätten sie die Abteilung sowieso umstrukturiert.
   … they would have re-structured the department anyway.
   ❏ *Earlier or later*   ❏ *Sometime soon*   ❏ *Sooner or later*

3. **In Kürze** werden wir das Ergebnis haben.
   We'll have the result … .
   ❏ *after short*   ❏ *in brief*   ❏ *shortly*

leicht – *easy*

> • leicht fallen ≠ ~~fall easy~~

1. **Es fiel mir leicht**, mich zu trennen und die Firma zu verlassen.
   … to part company and leave the firm.
   ❏ *It came easy to me*   ❏ *I felt it easy*   ❏ *I found it easy*

Eins plus eins ist nicht gleich zwei!

lesen – *read*

→ • Leseratte ≠ ~~reading rat~~

1 Unsere Tochter ist eine richtige **Leseratte**.
   Our daughter is a real … .
   ❏ bookworm   ❏ bookeater   ❏ readaholic

Lied – *song*

→ • Schlaflied ≠ ~~sleep … song~~

1 Tom versuchte es mit einem **Schlaflied**, aber das Baby schrie immer lauter.
   Tom tried a … , but the baby cried louder and louder.
   ❏ baby song   ❏ lullaby   ❏ bedsong

Linie – *line*

→ • Linienflug ≠ ~~line flight~~

1 Fliegen wir mit **Linienflug** oder Charterflug?
   Are we going on a … flight or a charter flight?
   ❏ quality   ❏ routed   ❏ scheduled

Kosten [1]at their own expense **kurz** [1]Recently [2]Sooner or later [3]shortly **leicht** [1]I found it easy **lesen** [1]bookworm **Lied** [1]lullaby **Linie** [1]scheduled

1.4 Wortschatz

links – *left*

> • links oben/unten ≠ ~~left top/bottom~~

1 Das ist Loch Ness und **links oben/unten** sieht man das Seeungeheuer.
   This is Loch Ness and what you can see … is the monster.
   ❏ *in the left top/below*   ❏ *on the top/below left*   ❏ *top/bottom left*

Mädchen – *girl*

> • Mädchen für alles ≠ ~~girl for everything~~

1 Wir sind ein kleiner Betrieb und suchen ein **Mädchen für alles**.
   We are a small firm and are looking for a … .
   ❏ *Girl Friday*   ❏ *do-it-all person*   ❏ *Wondergirl*

mehr – *more*

> • Mehrwertsteuer ≠ ~~more value tax~~

1 Gibt es **Mehrwertsteuer** auf Kinderkleidung?
   Is there … on children's clothing?
   ❏ *add-on-value tax*   ❏ *higher-value tax*   ❏ *value-added tax*

minus – *minus*

> • Minus machen ≠ ~~make minus~~

1 Die letzte Produktion war so schlecht besucht, dass wir **Minus gemacht haben**.
   The last production was so poorly attended that we … .
   ❏ *did minus*   ❏ *lost out*   ❏ *made a loss*

Eins plus eins ist nicht gleich zwei! 1.4

Mittel [Arznei] – *medicine*

→ • Schmerzmittel ≠ ~~pain medicine~~

1 Es war so schlimm, dass ich **Schmerzmittel** nehmen musste.
It was so bad that I had to take … .
❏ *pain relief*   ❏ *pain tablets*   ❏ *painkillers*

Natur – *nature*

→ • Naturkost ≠ ~~nature food~~

1 Das Gemüse kaufe ich immer im **Naturkost**laden.
I always buy my vegetables in a … shop.
❏ *alternative food*   ❏ *health food*   ❏ *natural food*

Nummer – *number*

→ • Vorwahlnummer ≠ ~~… number~~

1 Haben Sie auch die **Vorwahlnummer**?
Have you got the … , too?
❏ *dialling code*   ❏ *pre-dialling code*   ❏ *selection*

---

links [1]top/bottom left **Mädchen** [1]Girl Friday **mehr** [1]value-added tax
minus [1]made a loss **Mittel** [1]painkillers **Natur** [1]health food
Nummer [1]dialling code (auch: area code)

1.4 Wortschatz

Ost(en) – *east*

> • Die Ostsee ≠ ~~the East Sea~~

1 Wir verbringen unsere Ferien dieses Jahr an der **Ostsee**küste.
This year we're spending our holidays on the ... coast.
❏ *Baltic Sea* ❏ *Scandinavian Sea* ❏ *Flat Sea*

Paradies – *paradise*

> • Steuerparadies/-oase ≠ ~~tax paradise/oasis~~

1 Er hat sein Geld in irgendeinem **Steuerparadies** versteckt.
He's hidden his money in some tax ... .
❏ *haven* ❏ *heaven* ❏ *hole*

parken – *park*

> • parkende Autos ≠ ~~parking cars~~

1 Die Straße war, wie immer zu dieser Tageszeit, voller **parkender Autos**.
As always at this time of day, the street was full of ... cars.
❏ *left* ❏ *being parked* ❏ *parked*

Party – *party*

> • eine Party feiern ≠ ~~celebrate a party~~

1 Glenn hat bestanden. Wir wollen **eine Party feiern**.
Glenn has passed. We're going to ... a party.
❏ *do* ❏ *have* ❏ *make*

Eins plus eins ist nicht gleich zwei! 1.4

Plus / Minus – *plus / minus*

> • im Plus/Minus ≠ ~~in the plus/minus~~

1 Ich bin endlich mal wieder **im Plus**/schon wieder **im Minus** bei der Bank.
I'm in the ... again at last / in the ... yet again at the bank.
❏ black ... red ❏ positive ... negative ❏ credit ... debt

Preis – *price*

> • um jeden Preis ≠ ~~at every price~~

1 Das müssen wir **um jeden Preis** vermeiden.
We must avoid this ... .
❏ at all costs ❏ for every price ❏ whatever the price

privat – *private*

> • Privatfernsehen ≠ ~~private television~~

1 Die meisten Sportsendungen gibt's im **Privatfernsehen**.
Most sport programmes are on ... television.
❏ business ❏ commercial ❏ privatized

Ost(en) ¹Baltic Sea **Paradies** ¹haven **parken** ¹parked **Party** ¹have
Plus/Minus ¹black ... red **Preis** ¹at all costs **privat** ¹commercial

1.4 Wortschatz

Rede – *speech*

> • eine Rede halten ≠ ~~hold a speech~~

1. Wer wird die **Rede halten**?
   Who is going to ... the speech?
   ❏ *do*   ❏ *have*   ❏ *give*

Risiko – *risk*

> • ein Risiko eingehen ≠ ~~enter a risk~~

1. Wenn wir noch länger warten, **gehen** wir **ein** großes **Risiko ein**.
   If we wait any longer, we're ... a big risk.
   ❏ *going*   ❏ *making*   ❏ *taking*

Ruhe – *rest*

> • jdn. in Ruhe lassen ≠ ~~leave sb. at rest~~

1. Er muss ständig an dem Gerät herumfummeln. Er kann es nicht **in Ruhe lassen**.
   He's constantly fiddling around with the machine. He can't ... .
   ❏ *leave it alone*   ❏ *let it at rest*   ❏ *leave it peacefully*

Eins plus eins ist nicht gleich zwei! 1.4

sagen – *say*

> → • grob gesagt ≠ *... said*
> • das kannst du laut sagen ≠ *... loud(ly)*
> • oder besser gesagt ≠ *or said better*
> • unter uns gesagt ≠ *said ...*

1. Wir haben **grob gesagt** drei Alternativen.
   We have ... three alternatives.
   ❏ *in rough terms*   ❏ *roughly spoken*   ❏ *roughly speaking*

2. Wir haben viel Geld verloren. – Das kannst du **laut sagen**.
   We've lost a lot of money. – You can ... .
   ❏ *say that again*   ❏ *shout that out*   ❏ *speak that to the crowd*

3. Er konnte, **oder besser gesagt** wollte nicht bezahlen.
   He couldn't, or ... didn't want to pay.
   ❏ *actually*   ❏ *better*   ❏ *rather*

4. Die Qualität war **unter uns gesagt** ziemlich schlecht.
   ... the quality was pretty poor.
   ❏ *Between you and me*   ❏ *Confidentially*
   ❏ *Spoken between the lines*

Salz – *salt*

> → • Salzkartoffeln ≠ *salt potatoes*

1. Möchten Sie den Fisch lieber mit **Salzkartoffeln** oder mit Reis?
   Would you prefer the fish with ... potatoes or with rice?
   ❏ *boiled*   ❏ *cooked*   ❏ *salt-water*

Rede ¹give **Risiko** ¹taking **Ruhe** ¹leave it alone **sagen** ¹roughly speaking ²say that again ³rather ⁴Between you and me **Salz** ¹boiled

1.4 Wortschatz

sauer – *sour*

> • saurer Regen ≠ *sour rain*

1. Saurer Regen zerstört die Wälder.
   ... rain is destroying the forests.
   ❏ *Acid*   ❏ *Bitter*   ❏ *Spoilt*

schlafen – *sleep*

> • eine Nacht über etwas schlafen ≠ *sleep a night ...*
> • ausschlafen ≠ *sleep out*
> • lange schlafen ≠ *sleep long*

1. Ich will mich nicht festlegen. Ich will **eine Nacht darüber schlafen**.
   I don't want to commit myself. I want to ... .
   ❏ *have a sleep about it*   ❏ *sleep on it*   ❏ *sleep over it*

2. Morgen habe ich frei und kann **ausschlafen**.
   I've got a day off tomorrow and can ... .
   ❏ *sleep it over*   ❏ *sleep in*   ❏ *sleep off*

3. Sonntags **schlafen** wir meist **lange**.
   On Sundays we usually ... .
   ❏ *sleep late*   ❏ *sleep lately*   ❏ *sleep longly*

Eins plus eins ist nicht gleich zwei! 1.4

schmecken – *taste*

→ • Schmeckt es? / Das schmeckt! ≠ ~~... taste~~

1 **Schmeckt es?**
   ... ?
   ❏ *Do you like it?*   ❏ *Does it taste to you?*   ❏ *How is your taste?*

2 Herrlich! **Das schmeckt!**
   Wonderful. ... .
   ❏ *This is a good taste.*   ❏ *This has taste.*   ❏ *This tastes good.*

Schmerz(en) – *pain(s)*

→ • Halsschmerzen ≠ ~~throat pain(s)~~

1 Ich habe **Halsschmerzen**, ich kann heute nicht singen.
   I've got ... , I can't sing today.
   ❏ *a sore throat*   ❏ *an inflamed throat*   ❏ *throat-ache*

Schnupfen – *cold*

→ • Heuschnupfen ≠ ~~hay cold~~

1 Zu dieser Jahreszeit habe ich immer **Heuschnupfen**.
   At this time of the year I always have ... .
   ❏ *hay fever*   ❏ *hay illness*   ❏ *hay sickness*

---

sauer [1]Acid **schlafen** [1]sleep on it [2]sleep in [3]sleep late **schmecken** [1]Do you like it? [2]This tastes good. **Schmerzen** [1]a sore throat **Schnupfen** [1]hay fever

1.4 Wortschatz

(Sonnen-)Schein – *(sun)shine*

→ • Mondschein ≠ ~~moonshine~~

1. Die Vampire küssten sich im **Mondschein**.
   The vampires kissed in the ... .
   ❏ *moonshimmer*   ❏ *moonlight*   ❏ *nightshine*

   Beachten Sie: *moonshine* = „Unsinn" oder „schwarzgebrannter Alkohol"

schreiben – *write*

→ • einen Test/eine Arbeit schreiben ≠ ~~write a ...~~

1. Morgen **schreiben** die Kinder wieder eine Englisch**arbeit**.
   The children are ... another English test tomorrow.
   ❏ *doing*   ❏ *making*   ❏ *writing out*

Seite – *side*

→ • Rückseite ≠ ~~backside~~

1. Sie können an der **Rückseite** des Gebäudes parken.
   You can park at the ... of the building.
   ❏ *back*   ❏ *bottom*   ❏ *return side*

Sprecher – *speaker*

→ • Nachrichtensprecher ≠ ~~newsspeaker~~

1. Der **Nachrichtensprecher** konnte den Namen nicht richtig aussprechen.
   The ... couldn't pronounce the name properly.
   ❏ *news announcer*   ❏ *newsreader*   ❏ *news person*

Eins plus eins ist nicht gleich zwei!

Steak – *steak*

→ • ein Steak englisch ≠ ~~... English ...~~
  • ein Steak durchgebraten ≠ ~~... through~~

1 Wie soll das Steak gebraten sein: **englisch**, medium oder **durchgebraten**?
   How would you like the steak: ... , medium or ... ?
   ❏ *pink ... cooked*   ❏ *rare ... well-done*   ❏ *red ... brown*

stehen – *stand*

→ • Standuhr ≠ ~~standing clock~~

1 Sie haben eine wunderschöne, alte **Standuhr**.
   They've got a beautiful old ... clock.
   ❏ *erect*   ❏ *grandfather*   ❏ *upright*

Stein – *stone*

→ • steinreich ≠ ~~stone rich~~

1 Sein Onkel ist **steinreich**. Halt dich an ihn.
   His uncle is ... . Stick with him.
   ❏ *rich as a sheik*   ❏ *Paul Getty V*   ❏ *stinking rich*

Sonnenschein [1]moonlight **schreiben** [1]doing **Seite** [1]back
Sprecher [2]newsreader **Steak** [1]rare ... well-done **stehen** [1]grandfather
Stein [1]stinking rich

1.4 Wortschatz

Stück – *piece*

→ • pro Stück ≠ ~~per piece~~

1. Die Stühle kosten $ 420 **pro Stück**.
   The chairs cost $ 420 … .
   ❏ *each*   ❏ *individually*   ❏ *separately*

Stunde – *hour*

→ • Sprechstunde ≠ ~~… hour~~
   • Überstunden ≠ ~~… hours~~

1. Hat der Arzt am Freitagnachmittag **Sprechstunde**?
   Does the doctor have … on Friday afternoons?
   ❏ *an appointment*   ❏ *patients*   ❏ *a surgery*

2. Ich mache keine **Überstunden** mehr. Ich will nicht.
   I'm not doing any more … . I don't want to.
   ❏ *extra time*   ❏ *overtime*   ❏ *overwork*

Tag – *day*

→ • am hellichten Tag ≠ ~~in bright day~~
   • acht/vierzehn Tage ≠ ~~eight/fourteen days~~

1. Die meisten Einbrüche geschehen **am hellichten Tag**.
   Most burglaries happen … .
   ❏ *in broad daylight*   ❏ *in full day*   ❏ *in the middle of the day*

2. Wir treffen uns **in acht Tagen** wieder.
   We're meeting again in … .
   ❏ *a week's time*   ❏ *seven daytimes*   ❏ *the week*

Eins plus eins ist nicht gleich zwei! 1.4

3 Wir verreisen **vierzehn Tage**.
We're going away for … .
❑ *a fortnight*   ❑ *fourteen nights*   ❑ *a double week*

Tante – *aunt*

→ • Tante-Emma-Laden ≠ ~~aunt Emma shop~~

1 Wir haben einen **Tante-Emma-Laden** gleich hier vorne.
We've got a(n) … just down the road.
❑ *corner shop*   ❑ *shop next-door*   ❑ *everyday store*

Telefon – *telephone*

→ • ans Telefon gehen ≠ ~~go to the telephone~~
• am Telefon verlangt ≠ ~~demanded on the telephone~~
• auflegen [am Telefon] ≠ ~~lay on~~

1 Kannst du **ans Telefon gehen**? Ich kann gerade nicht.
Can you … the phone? I can't at the moment.
❑ *answer*   ❑ *reply*   ❑ *take*

2 Frau Wolf! **Sie werden am Telefon verlangt**.
Mrs Wolf! You're … on the telephone.
❑ *asked*   ❑ *please*   ❑ *wanted*

3 Sie wurde so ausfallend, dass ich **aufgelegt** habe.
She got so abusive that I … .
❑ *finished*   ❑ *hung up*   ❑ *put it down*

Stück [1]each **Stunde** [1]a surgery [2]overtime **Tag** [1]in broad daylight [2]a week's time [3]a fortnight **Tante** [1]corner shop **Telefon** [1]answer [2]wanted [3]hung up

1.4 Wortschatz

Treffen – *meeting*

→ • Familien-, Klassentreffen ≠ ~~... meeting~~

1 Ich war am Wochenende auf einem **Familien-/Klassentreffen**.
 I was at a family/class ... at the weekend.
 ❏ encounter ❏ renewal ❏ reunion

Turm – *tower*

→ • Leuchtturm ≠ ~~... tower~~

1 Ich habe immer davon geträumt, in einem **Leuchtturm** zu wohnen.
 I've always dreamed of living in a ... .
 ❏ firehouse ❏ lighthouse ❏ lighting house

über – *over*

→ • überblicken [abschätzen] ≠ ~~overlook~~
 • übersehen ≠ ~~... oversee~~
 • überhören ≠ ~~overhear~~
 • übernehmen ≠ ~~overtake~~
 • wenn ich mir das nochmal überlege ≠ ~~when I consider that again~~

1 Es ist schwierig, die Lage zu **überblicken**.
 It's difficult to ... the situation.
 ❏ assess ❏ guess ❏ register

2 Entschuldigung, das **habe** ich wohl **übersehen**.
 Sorry, I must have ... that.
 ❏ remarked ❏ overlooked ❏ overwatched

3 Den Gong **haben** wir **überhört**.
 We ... the gong.
 ❏ didn't hear ❏ forgot ❏ failed

Eins plus eins ist nicht gleich zwei! 1.4

4 Kritik **überhört** er einfach.
He just ... criticism.
❑ goes over ❑ ignores ❑ refuses
Beachten Sie: overhear = „zufällig mitbekommen": *I overheard a conversation at the next table.*

5 Ich brauche eine Pause. Kannst du **übernehmen**?
I need a break. Can you ... ?
❑ attempt ❑ replace ❑ take over
Beachten Sie: overtake = „überholen": *A Jaguar overtook us at 180 kmh.*

6 **Wenn ich mir das nochmal überlege**, ist der Vorschag ganz gut.
... the suggestion is quite good.
❑ After further reflecting ❑ On second thoughts ❑ Reflected

Uhr – *clock*

→ • Parkuhr ≠ ~~... clock~~

1 Ist die **Parkuhr** abgelaufen?
Has the ... expired?
❑ car parker ❑ parking dial ❑ parking meter

Urlaub – *holiday*

→ • Urlauber ≠ ~~holidayer~~

1 600 **Urlauber** sitzen wegen des Streiks der Fluglotsen fest.
600 ... are stuck because of the air traffic controllers' strike.
❑ holidaymakers ❑ travellers ❑ vacation-makers

Treffen [1]reunion **Turm** [1]lighthouse **über** [1]assess [2]overlooked [3]didn't hear [4]ignores [5]take over [6]On second thoughts **Uhr** [1]parking meter **Urlaub** [1]holidaymakers

1.4 Wortschatz

Vater – *father*

→ • das Vaterunser ≠ ~~the Our Father~~

1   Viele Kinder können heutzutage noch nicht einmal das **Vaterunser**.
    A lot of children today can't even say the … .
    ❏ *Creed*   ❏ *God's Verse*   ❏ *Lord's Prayer*

Verkehr – *traffic*

→ • Berufsverkehr ≠ ~~… traffic~~

1   Im **Berufsverkehr** werden zusätzliche Züge eingesetzt.
    In the … they put on extra trains.
    ❏ *main times*   ❏ *rush hour*   ❏ *work travel*

verstehen – *understand*

→ • das versteht sich von selbst ≠ ~~… understand …~~

1   **Es versteht sich von selbst**, dass wir die Kosten übernehmen.
    It … that we'll bear the cost.
    ❏ *goes without saying*   ❏ *is self-explanatory*   ❏ *is as clear as day*

Visite – *visit*

→ • [geschäftliche] Visitenkarte ≠ ~~visiting card~~

1   Der Geschäftsführer hat seine **Visitenkarte** da gelassen.
    The managing director left his … here.
    ❏ *business card*   ❏ *identification*   ❏ *hospitality card*

Eins plus eins ist nicht gleich zwei! 1.4

vor – *before*

→ • vorletzte(r/s) ≠ ~~before last~~

1. Davies? Die wohnen im **vorletzten** Haus auf der linken Seite.
   Davies? They live in the ... house on the left.
   ❏ last but one   ❏ pre-last   ❏ second

Wahl – *choice*

→ • eine Wahl treffen ≠ ~~meet ...~~

1. Ich **habe** meine **Wahl getroffen**. Ich möchte Gold.
   I've ... my choice. I'd like gold.
   ❏ done   ❏ found   ❏ made

was – *what*

→ • was für ein ... ? ≠ ~~what for a ...?~~

1. **Was für eine** Oberfläche brauchen Sie? Glatt oder geriffelt?
   What ... surface do you need? Smooth or corrugated?
   ❏ in the way of   ❏ make of   ❏ kind of

Vater [1]Lord's Prayer **Verkehr** [1]rush hour **verstehen** [1]goes without saying
Visite [1]business card **vor** [1]last but one **Wahl** [1]made **was** [1]kind of

1.4 Wortschatz

Wasser – *water*

→ • Trinkwasser ≠ ~~drink water~~

1. Die **Trinkwasser**qualität ist sehr gut hier.
   The quality of the … water is very good here.
   ❏ *drinking*   ❏ *feeding*   ❏ *drunk*

weg – *away*

→ • Es war weg. ≠ ~~It was away.~~

1. Ich habe die Kamera hier kurz abgelegt und plötzlich war sie **weg**.
   I put the camera down for a moment, and suddenly it … .
   ❏ *disappeared off the face*   ❏ *was thin air*   ❏ *was gone*

Wohnung – *flat*

→ • auf Wohnungssuche ≠ ~~on flat search~~

1. Tina hat einen Studienplatz bekommen und ist jetzt **auf Wohnungssuche**.
   Tina has got a university place and has gone … .
   ❏ *apartment looking*   ❏ *flat-hunting*   ❏ *on flat search*

Zahn, Zähne – *tooth, teeth*

→ • die dritten Zähne ≠ ~~the third teeth~~

1. Opa ist so unglücklich. Seine **dritten Zähne** sind ins Klo gefallen.
   Grandad's so unhappy. His … teeth have fallen down the loo.
   ❏ *false*   ❏ *replacement*   ❏ *wrong*

Eins plus eins ist nicht gleich zwei! 1.4

Zeit – *time*

→
- Zeit kosten ≠ ~~cost time~~
- die gute alte Zeit ≠ ~~... time~~
- in nächster Zeit ≠ ~~in the next time~~
- in letzter/der letzten Zeit ≠ ~~in the last time~~

1. Das **kostet** zu viel **Zeit**. So lange können wir nicht warten.
   That will ... too much time. We can't wait that long.
   ❏ spend   ❏ need   ❏ take

2. In der **guten alten Zeit**, als wir alle Kinder waren, ...
   In the good old ... when we were all children ...
   ❏ age   ❏ days   ❏ years

3. **In nächster Zeit** werde ich nicht mehr so oft kommen können.
   I won't be able to come so often in ... .
   ❏ the time ahead   ❏ the next few weeks   ❏ the next weeks' time

4. **In letzter Zeit** habe ich ihn oft gesehen.
   I've seen him a lot ... .
   ❏ now ago   ❏ late   ❏ recently

zweite(r/s) – *second*

→
- jede(r/s) zweite ... ≠ ~~every second ...~~

1. Wir treffen uns jeden **zweiten** Tag.
   We meet every ... day.
   ❏ alternative   ❏ odd   ❏ other

Wasser ¹drinking **weg** ¹was gone **Wohnung** ¹flat-hunting **Zahn** ¹false
Zeit ¹take ²days ³the next few weeks ⁴recently **zweite(r/s)** ¹other

1.4 Test

Korrigieren Sie den durchgestrichenen Ausdruck.

1. Excuse me, where's the ~~find~~ office? I've lost something.

2. I've done lots of ~~overhours~~ this month.

3. Our phone number is 24738, and the dialling ~~number~~ is 01460.

4. Who is your ~~house~~ doctor?

5. I must have ~~overseen~~ that. I'm sorry.

6. The wine glasses cost $10 ~~the piece~~.

7. Last weekend I was at a class ~~meeting~~ at my old school.

8. I'd like my steak ~~fried through~~. I don't like it pink.

9. Would you like ~~salt~~ potatoes or rice?

10. I spoke to her ~~shortly~~ about this problem. It was only last week.

11. The first thing the marketing manager did was to give me her ~~visiting~~ card.

12. Is it a ~~line~~ flight, or a charter flight?

13. How are you going to pay? – ~~Bar~~.

Eins plus eins ist nicht gleich zwei! 1.4

14 There's a car park at the ~~backside~~ of the hotel.

15 ~~We have~~ over 30 degrees in my office. I can't work there.

16 Would you like some more coffee? – ~~Thank you~~. I've had enough.

17 ~~Hearty thanks~~. You've been very helpful.

18 We've had lots of big orders ~~in the last time~~.

19 ~~Private~~ television is financed through advertising.

20 She's young, but very ~~self-conscious~~. She's not afraid of anybody.

21 The ~~newsspeaker~~ got his papers mixed up.

22 I always get ~~hay cold~~ at this time of year.

23 The TV was so loud that we ~~overheard~~ the phone.

24 Which ~~flying company~~ do you usually fly with? Lufthansa?

25 Do you have ~~fire~~?

---

¹lost property ²overtime ³code ⁴family ⁵overlooked ⁶each ⁷reunion
⁸well-done ⁹boiled ¹⁰recently ¹¹business ¹²scheduled ¹³(In) Cash
¹⁴back ¹⁵It's ¹⁶No, thank you ¹⁷Thank you very much (indeed)
¹⁸lately/recently ¹⁹Commercial ²⁰self-confident ²¹newsreader ²²hay fever ²³didn't hear ²⁴airline ²⁵a light

1.5 Wortschatz

1.5 Zum Verwechseln ähnlich!
Englische Wortpaare und -gruppen, die man leicht verwechselt

Wählen Sie die richtige Lösung aus.

advice – advise

> • *advice* = Rat(schlag) [Nomen]
> • *advise* = (be)raten [Verb]

1 Who ❑ adviced / ❑ advised you?
2 The ❑ advice / ❑ advise that Tom gave me was completely useless.
3 Who ❑ advices / ❑ advises the president in questions like this?

affect – effect

> • *affect* = beeinflussen, betreffen [Verb]
> • *effect* = Auswirkung [Nomen]

1 These plans of the management, do they ❑ affect / ❑ effect us too?
2 The change will have no ❑ affect / ❑ effect on us.
3 We can already see the ❑ affects / ❑ effects of global warming.

altogether – all together

> • *altogether* = insgesamt
> • *all together* = alle zusammen

1 How much have we spent ❑ altogether / ❑ all together?
2 When was the last time that we were ❑ altogether / ❑ all together?
3 You know, I've never seen them ❑ altogether / ❑ all together before.

Zum Verwechseln ähnlich! 1.5

at last – at least

→ • *at last* = endlich
• *at least* = wenigstens

1 I've tried to call him ❏ at last / ❏ at least 20 times.
2 ❏ At last / ❏ At least they didn't throw us out.
3 After two and a half hours the plane ❏ at last / ❏ at least took off.

beside – besides

→ • *beside* = [örtlich] neben
• *besides* = neben (= außer), außerdem

1 There are other reasons ❏ beside / ❏ besides these.
2 I want to watch TV, ❏ beside / ❏ besides it's raining outside.
3 She sat down ❏ beside / ❏ besides me.

classic – classical

→ • *classic* = klassisch (= angesehen, von bleibendem Wert, typisch)
• *classical* = klassisch (= in Bezug auf Musik, die Antike)

1 This is a ❏ classic / ❏ classical case of mismanagement.
2 I can concentrate better with ❏ classic / ❏ classical music.

---

advice [1]advised [2]advice [3]advises **affect** [1]affect [2]effect [3]effects **altogether** [1]altogether [2]all together [3]all together **at last** [1]at least [2]At least [3]at last **beside** [1]besides [2]besides [3]beside **classic** [1]classic [2]classical

1.5 Wortschatz

comprehensible – comprehensive

> - *comprehensible* = verständlich
> - *comprehensive* = umfassend

1 The handbook must be written in ❏ *comprehensible* /
    ❏ *comprehensive language.*
2 We offer a ❏ *comprehensible* / ❏ *comprehensive service package.*

confident – confidential

> - *confident* = zuversichtlich
> - *confidential* = vertraulich

1 This information is ❏ *confident* / ❏ *confidential and must remain so.*
2 Write ❏ *"Confident"* / ❏ *"Confidential" on the envelope.*
3 We are ❏ *confident* /
    ❏ *confidential that the present problems can be resolved.*

content – contents

> - *content* = Gehalt (an etwas) (= Anteil)
> - *contents* = Inhalt (= Enthaltenes)

1 The fat ❏ *content* / ❏ *contents has been reduced.*
2 He knew nothing about the ❏ *content* / ❏ *contents of the boxes.*
3 The ❏ *content* / ❏ *contents of your last letter surprised us greatly.*

Zum Verwechseln ähnlich! 1.5

currant – current

→ • *currant* = Rosine
  • *current* = laufend, aktuell

1 *Economic growth in the* ❑ *currant* / ❑ *current year is very satisfactory.*
2 *I don't like rolls with* ❑ *currants* / ❑ *currents.*

desert – dessert

→ • *desert* = Wüste
  • *dessert* = Dessert

1 *Would you like to see the* ❑ *desert* / ❑ *dessert menu?*
2 *A new form of management training: crossing the* ❑ *desert* /
                                                    ❑ *dessert on a camel.*

economic – economical

→ • *economic* = wirtschaftlich (= die Wirtschaft betreffend)
  • *economical* = wirtschaftlich (= sparsam)

1 *We have no big* ❑ *economic* / ❑ *economical problems at the moment.*
2 *What* ❑ *economic* /
       ❑ *economical policy will the new government follow?*
3 *The new model is very* ❑ *economic* / ❑ *economical.*

---

comprehensible [1]comprehensible [2]comprehensive **confident** [1]confidential [2]Confidential [3]confident **content** [1]content [2]contents [3]contents **currant** [1]current [2]currants **desert** [1]dessert [2]desert **economic** [1]economic [2]economic [3]economical

1.5 Wortschatz

every day – everyday

→ • *every day* = jeden Tag
• *everyday* = alltäglich

1   We have the usual ❏ every day / ❏ everyday problems.
2   We have the same problems ❏ every day / ❏ everyday.

farther – further

→ • *farther* = weiter [nur im räumlichen Sinne]
• *further* = weiter [im räumlichen und übertragenen Sinne]

1   We need ❏ farther / ❏ further help.
2   Thank you, I have no ❏ farther / ❏ further questions.

greatly – largely

→ • *greatly* = sehr, höchst, außerordentlich
• *largely* = größtenteils

1   The party was ❏ greatly / ❏ largely over when we finally arrived.
2   We were ❏ greatly / ❏ largely impressed: they were excellent.
3   Reactions varied ❏ greatly / ❏ largely.

hard – hardly

→ • *hard* = hart, schwer, heftig
• *hardly* = kaum

1   But I ❏ hard / ❏ hardly know him!
2   We all worked very ❏ hard / ❏ hardly.
3   It was raining ❏ hard / ❏ hardly when we came out.

Zum Verwechseln ähnlich! 1.5

heading – headline

→ • *heading* = Überschrift
• *headline* = Schlagzeile

1 What ❏ *heading* / ❏ *headline* do you think I'd find that under?
2 The ❏ *headings* / ❏ *headlines* in Monday's papers were full of criticism.
3 Structure your text more, use more ❏ *headings* / ❏ *headlines*.

heroin – heroine

→ • *heroin* = Heroin
• *heroine* = Heldin

1 The ❏ *heroin* / ❏ *heroine* of her latest book is a Pakistani immigrant.
2 Police have seized at least 6 kilos of ❏ *heroin* / ❏ *heroine*.
3 The ❏ *heroin* /
 ❏ *heroine* enters the country along traditional mafia routes.

historic – historical

→ • *historic* = historisch (= bedeutsam)
• *historical* = historisch (= geschichtlich, aus der Geschichte)

1 This day is a ❏ *historic* / ❏ *historical* day in the history of our nation.
2 It was a ❏ *historic* / ❏ *historical* decision and changed everything.
3 We visited a ❏ *historic* / ❏ *historical* museum.

---

every day ¹everyday ²every day **farther** ¹further ²further
greatly ¹largely ²greatly ³greatly **hard** ¹hardly ²hard ³hard
heading ¹heading ²headlines ³headings **heroin** ¹heroine ²heroin ³heroin
historic ¹historic ²historic ³historical

1.5 Wortschatz

homework – housework

→ • *homework* = Hausaufgabe(n)
  • *housework* = Haushaltsarbeit(en)

1   Who does most of the ❏ *homework* / ❏ *housework*, you or your husband?
2   I think children should do a share of the ❏ *homework* / ❏ *housework*.
3   I can't help my son with his maths ❏ *homework* /
                                    ❏ *housework* – I don't know enough!

human – humane

→ • *human* = menschlich
  • *humane* = human

1   Is it ❏ *human* / ❏ *humane* to keep animals in zoos?
2   It's ❏ *human* / ❏ *humane* to make mistakes.
3   The ❏ *human* / ❏ *humane* body is a wonderful construction.

imaginary – imaginative

→ • *imaginary* = imaginär
  • *imaginative* = einfallsreich

1   She's a great designer, she's very ❏ *imaginary* / ❏ *imaginative*.
2   It's an ❏ *imaginary* / ❏ *imaginative* line round the centre of the earth.
3   This scenario is completely ❏ *imaginary* /
                              ❏ *imaginative* and quite unrealistic.

1.5 Zum Verwechseln ähnlich!

industrial – industrious

> • *industrial* = industriell, Industrie-
> • *industrious* = fleißig

1   This is one of the country's ❏ industrial / ❏ industrious heartlands.
2   She's our best engineering student; she's very ❏ industrial / ❏ industrious.
3   They're building a new ❏ industrial / ❏ industrious complex west of the town.

it's – its

> • *it's* = es ist (= *it is*)
> • *its* = sein, ihr

1   The dog hasn't eaten ❏ it's / ❏ its food.
2   I think ❏ it's / ❏ its a pity we can't go.
3   Hello? Is that David? ❏ It's / ❏ Its Tom here.

late – lately

> • *late* = spät, zu spät
> • *lately* = neulich

1   I haven't seen them very much ❏ late / ❏ lately.
2   We arrived ❏ late / ❏ lately because of the bad weather.
3   On Sundays I get up ❏ late / ❏ lately.

---

homework ¹housework ²housework ³homework **human** ¹humane ²human ³human **imaginary** ¹imaginative ²imaginary ³imaginary **industrial** ¹industrial ²industrious ³industrial **it's** ¹its ²it's ³It's **late** ¹lately ²late ³late

1.5 Wortschatz

lay – lie

→
- *lay, laying, laid, laid* = legen
- *lie, lying, lay, lain* = liegen
- *lie, lying, lied, lied* = lügen

1. *She's ❑ laying / ❑ lying on the sofa.*
2. *I haven't ever ❑ laid / ❑ lain / ❑ lied on a waterbed.*
3. *I'm afraid he ❑ lay / ❑ laid / ❑ lied to you. That's not true.*
4. *He ❑ laid / ❑ lain / ❑ lay the baby back in its bed.*
5. *I don't believe you. You're ❑ laying / ❑ lying to me again.*

loose – lose

→
- *loose* = lose
- *lose* = verlieren

1. *If we ❑ lose / ❑ loose this contract, it will be a disaster.*
2. *Vegetables are usually cheaper if you buy them ❑ loose / ❑ lose.*

major – mayor

→
- *major* = Major
- *mayor* = Bürgermeister

1. *He's retired now. He was a ❑ major / ❑ mayor in the Indian army.*
2. *The ❑ major / ❑ mayor opened the new shopping centre officially yesterday.*
3. *Does London elect its ❑ major / ❑ mayor directly?*

1.5 Zum Verwechseln ähnlich!

passed – past

> • *passed* = Form des Verbs *pass* = vergehen, überholen, vorbeigehen an
> • *past* = vorbei, an … vorbei

1. We walked ❏ *passed* / ❏ *past a beautiful old church.*
2. We ❏ *passed* / ❏ *past a beautiful old church.*
3. Sunday ❏ *passed* / ❏ *past and still no news came.*
4. The time when I worked 60 hours a week is ❏ *passed* / ❏ *past*.

precede – proceed

> • *precede* = vorausgehen
> • *proceed* = vorgehen

1. How are we going to ❏ *precede* / ❏ *proceed? What's the best strategy?*
2. The results in the ❏ *preceding* / ❏ *proceeding year were much better.*
3. The closure was ❏ *preceded* / ❏ *proceeded by weeks of speculation.*

price – prize

> • *price* = Preis, den man zahlt
> • *prize* = Preis, den man gewinnt

1. The ❏ *price* / ❏ *prize has gone up 10%. It now costs $385.*
2. The product got a ❏ *price* / ❏ *prize in an international design competition.*

---

lay ¹lying ²lain ³lied ⁴laid ⁵lying **loose** ¹lose ²loose **major** ¹major ²mayor ³mayor **passed** ¹past ²passed ³passed ⁴past **precede** ¹proceed ²preceding ³preceded **price** ¹price ²prize

1.5 Wortschatz

principal – principle

> - *principal* = Haupt-, hauptsächlich, wichtigste(r/s)
> - *principle* = Prinzip

1 *The ❑ principal / ❑ principle cause of our problem is the oil price.*
2 *The ❑ principal / ❑ principle cities in the country all have a major airport.*
3 *The ❑ principal / ❑ principle of more money for more work is a fair one.*

raise – rise

> - *raise, raised, raised* = an-, auf-, hochheben
> - *rise, rose, risen* = steigen, an-, auf-, hochsteigen, sich erheben

1 *The rate of inflation has ❑ raised / ❑ risen again this month.*
2 *We last ❑ raised / ❑ rose prices six months ago.*
3 *The rocket ❑ raised / ❑ rose up into the sky.*

receipt – recipe

> - *receipt* = Quittung
> - *recipe* = [Koch-]Rezept

1 *Here's your change. – Can I have a ❑ receipt / ❑ recipe too, please?*
2 *This plan is a ❑ recipe / ❑ receipt for disaster.*
3 *What is your ❑ recipe / ❑ receipt for success?*

shade – shadow

> • *shade* = Schatten (= schattiger Platz, vor der Sonne geschützt)
> • *shadow* = Schatten (= Schattenumriss)

1. I saw a ❑ shade / ❑ shadow on the wall.
2. He always had to live in the ❑ shade / ❑ shadow of his famous father.
3. Can we sit in the ❑ shade / ❑ shadow? I don't like sitting in the sun.

sometime – sometimes

> • *sometime* = irgendwann
> • *sometimes* = manchmal

1. We must go out for a drink together ❑ sometime / ❑ sometimes.
2. I last saw her ❑ sometime / ❑ sometimes last year.
3. We meet ❑ sometime / ❑ sometimes for a drink after work.

stationary – stationery

> • *stationary* = stehend
> • *stationery* = Schreibwaren

1. The car was ❑ stationary / ❑ stationery for some time before anyone got out.
2. We buy all our office ❑ stationary / ❑ stationery online.

---

principal [1]principal [2]principal [3]principle **raise** [1]risen [2]raised [3]rose
receipt [1]receipt [2]recipe [3]recipe **shade** [1]shadow [2]shadow [3]shade **sometime**
[1]sometime [2]sometime [3]sometimes **stationary** [1]stationary [2]stationery

1.5 Wortschatz

suit – suite

> - *suit* = Anzug, Kostüm
> - *suite* = Suite

1 *I didn't need a big conference room, so I booked a ❏ suit /*
❏ suite and we met there.
2 *The company has a dress code: ❏ suits / ❏ suites for men, dresses for women.*

terrible – terrific

> - *terrible* = furchtbar
> - *terrific* = gewaltig, toll

1 *I've had a ❏ terrible / ❏ terrific day. One success after another.*
2 *I've had a ❏ terrible / ❏ terrific day: everything went wrong.*
3 *There has been a ❏ terrible / ❏ terrific demand and we're sold out.*

in time – on time

> - *in time* = rechtzeitig
> - *on time* = pünktlich

1 *The train left ❏ in / ❏ on time, but arrived late.*
2 *I got there ❏ in / ❏ on time to hear the speech.*
3 *We need the new model ❏ in / ❏ on time for the Bologna Fair.*

Zum Verwechseln ähnlich! 1.5

used to – be used to

> → • *I used to work* = früher arbeitete ich [immer, aber jetzt nicht mehr]
> • *I'm used to working* = ich bin es gewohnt zu arbeiten

1 I ❑ *used to smoke* / ❑ *am used to smoking*, but I've given up.
2 We ❑ *used to* / ❑ *are used to* panic situations in this firm.
3 I ❑ *used to work* / ❑ *am used to working* at weekends. I don't mind it.

wander – wonder

> → • *wander* = umherirren, bummeln
> • *wonder* = sich fragen, sich wundern

1 I ❑ *wander* / ❑ *wonder* what has happened to him.
2 I saw him ❑ *wandering* / ❑ *wondering* round Hall 5.
3 I ❑ *wandered* / ❑ *wondered* if you'd like to meet for a drink.

---

suit [1]suite [2]suits **terrible** [1]terrific [2]terrible [3]terrific **in time** [1]on time [2]in time [3]in time **used to** [1]used to [2]are used to [3]am used to **wander** [1]wonder [2]wandering [3]wondered

1.5 Test

Übersetzen Sie das Deutsche ins Englische.

1 Do you need any (*weitere*) information?

2 The (*Preis*) that she won was worth over $ 10,000.

3 Can we sit in the (*Schatten*), please?

4 I was sent to an industrial complex in the middle of the (*Wüste*).

5 It's (*menschlich*) to make mistakes.

6 Our advertising people are very good, very (*einfallsreich*).

7 I can't walk any (*weiter*).

8 The delivery arrived (*spät*) on Friday afternoon.

9 It will cost (*mindestens*) $ 650.

10 She always works very (*hart*).

11 I (*liege gerade*) on the sofa, watching TV.

12 What I've just told you is (*vertraulich*), you understand.

13 Prices have (*gestiegen*) again.

14 They've (*angehoben*) the price again.

Zum Verwechseln ähnlich! 1.5

15 The building is very old and (*seine*) history is very interesting.

16 This is a (*klassisches*) example of a good product that came at the wrong time.

17 How much will it cost (*insgesamt*)?

18 The new model is very (*wirtschaftlich*).

19 The country has big (*wirtschaftliche*) problems.

20 Can you (*beraten*) me? I need some (*Rat*).

21 How high is the (*Preis*) going to go?

22 The (*Inhalt*) of the letter made him laugh.

23 I've never (*gelegen*) on such a comfortable bed.

24 This is a (*historischer*) day for our country.

25 Who does most of the (*Haushaltsarbeiten*) in your family?

---

[1]further [2]prize [3]shade [4]desert [5]human [6]imaginative [7]farther/further [8]late [9]at least [10]hard [11]am lying [12]confidential [13]risen [14]raised [15]its [16]classic [17]altogether [18]economical [19]economic [20]advise, advice [21]price [22]contents [23]lain [24]historic [25]housework

2 Grammatik

2.1	**Alles nicht so einfach mit dieser einfachen Form** .... Einfache Form und Verlaufsform des Verbs Test	**150**
2.2	**Dieses *do* ist doch überall**.. Fragebildung und Verneinung mit *do* Test	**154**
2.3	**Die verflixten unregelmäßigen Verben** .... Unregelmäßige Verben I Test	**158**
2.4	**Noch mehr unregelmäßige Verben** .... Unregelmäßige Verben II Test	**162**
2.5	**Die perfekte Vergangenheit gibt es nicht** .... *Present Perfect* und *Past Tense* Test	**166**
2.6	**Seit anno dazumal und immer noch *Present Perfect*** .... *Present Perfect* mit *since* und *for* Test	**170**
2.7	**Kein Infinitiv (weder mit noch ohne *to*), sondern *-ing*** ..... Die *-ing*-Form (Gerundium) I Test	**173**
2.8	**Weder Infinitiv noch *that*, sondern noch einmal *-ing*** ...... Die *-ing*-Form (Gerundium) II Test	**176**
2.9	**Wenn nur das Wörtchen „wenn" nicht wäre** .... *if*-Sätze Test	**180**
2.10	**Mal mit und mal ohne *-ly***... Adjektiv und Adverb Test	**183**

2.1 Alles nicht so einfach mit dieser einfachen Form
Einfache Form und Verlaufsform des Verbs

→ Die deutsche Gegenwartsform des Verbs (z.B. **ich lese**) hat zwei verschiedene Entsprechungen im Englischen, die so genannte „einfache Form" (**I read**) und die „Verlaufsform" (**I am reading**). Die Wahl zwischen diesen beiden Formen ist immer wieder eine knifflige Angelegenheit.

1. Einfache Form *(I read)*
Die einfache Form beschreibt etwas, das immer oder immer wieder geschieht bzw. einen Dauerzustand darstellt: berufliche Tätigkeiten, Freizeitbeschäftigungen, Gewohnheiten und Bräuche, allgemeine Tatbestände etc.

I **work** for an American company.
    Ich arbeite bei einer amerikanischen Firma.
Don **plays** tennis. *Don spielt Tennis.*
They **get** up later on Sundays. *Sie stehen am Sonntag später auf.*
We **celebrate** Christmas in December.
    Wir feiern Weihnachten im Dezember.
It **rains** a lot here. *Es regnet hier viel.*

2. Verlaufsform *(I am reading)*
Die Verlaufsform verwendet man für

a) Vorgänge, die gerade jetzt im Gange sind:

It **is raining** at the moment. *Es regnet (gerade) im Moment.*
I **am watching** TV. *Ich schaue (gerade) fern.*

b) Entwicklungen, die im Gange und noch nicht abgeschlossen sind. Dazu zählen auch Lern- und Ausbildungssituationen:

The company **is growing** fast. *Die Firma wächst schnell.*
Our climate **is changing**. *Unser Klima verändert sich.*
I **am learning** / **studying** Spanish. *Ich lerne / studiere Spanisch.*
He **is training** to be an actor. *Er macht eine Schauspielerausbildung.*

c) Vorübergehende Situationen, die im Gange und nicht abgeschlossen sind:

She's away. She **is visiting** friends. *Sie ist verreist. Sie besucht Freunde.*
I **am working** from home this week. *Diese Woche arbeite ich zu Hause.*

3. Verben ohne Verlaufsform

Bestimmte Verben verwendet man normalerweise nur in der einfachen Form.

be *sein*	own *besitzen*
believe *glauben*	prefer *vorziehen*
belong to *gehören*	realize *erkennen*
cost *kosten*	remember *sich erinnern*
depend on *abhängen von*	see *sehen*
hate *hassen, nicht mögen*	seem *erscheinen*
have *haben*	smell *riechen*
know *wissen, kennen*	sound *klingen*
like *mögen*	think *meinen*
look *aussehen*	understand *verstehen*
mean *bedeuten*	want *wollen*
need *brauchen*	wish *sich wünschen*

Einige dieser Verben haben jedoch mehr als eine Bedeutung und können in anderer Bedeutung in der Verlaufsform stehen. Vergleichen Sie:

I **have** (~~am having~~) a dog. *haben*
He **is having** breakfast. *essen*

I **see** (~~am seeing~~) the sea. *sehen*
I **am seeing** Ann today. *treffen*

He **looks** (~~is looking~~) ill. *ausssehen*
He **is looking** at some photos. *anschauen*

2.1 Test

Ergänzen Sie die einfache Form oder Verlaufsform.

1. My mother-in-law _____ with us at the moment. (stay)
2. I _____ Spanish. (learn)
   I _____ it for my job. (need)
3. We _____ our holiday. (enjoy)
   It _____ wonderful here. (be)
4. I usually _____ tea for breakfast. (have)
5. I'm sorry, he _____ lunch in the canteen at the moment. (have)
6. My wife _____ part-time. (work)
7. My son _____ to be a designer. (train)
8. We _____ cards with friends every Wednesday evening. (play)
9. The number of online customers _____ fast. (grow)
10. He has broken his leg and _____ from home at the moment. (work)
11. "Soon" _____ tomorrow, not next week. (mean)
12. On the telephone she _____ younger. (sound)
13. Oh yes, I _____ now. (remember)
14. It _____ very hot in here now. (get)
    We _____ a window open. (need)
15. The train usually _____ late. (arrive)

Einfache Form und Verlaufsform — 2.1

Übersetzen Sie.

16   Ein Urlaub in den USA kostet mehr dieses Jahr.

17   Es hängt davon ab, ob mein Mann unser Auto benötigt.

18   Wir bauen eine neue Lagerhalle.

19   Die Situation sieht gut aus. Wir haben genug Zeit.

20   Hier schneit es und ich habe eine Erkältung.

21   Ich lerne Italienisch.

22   Tut mir Leid – er nimmt gerade eine Dusche.

23   Unsere Tochter studiert Mathematik.

24   Nicht viele Frauen studieren Mathematik.

25   Mein Nachbar macht eine Schauspielerausbildung.

---

[1]is staying [2]am learning, need [3]are enjoying, is [4]have [5]is having [6]works [7]is training [8]play [9]is growing [10]is working [11]means [12]sounds [13]remember [14]is getting, need [15]arrives [16]A holiday in the USA costs more this year. [17]It depends (on) whether/if my husband needs our car. [18]We are building a new warehouse. [19]The situation looks good. We have enough time. [20]It is snowing here and I have a cold. [21]I am learning Italian. [22]Sorry – he's just having/taking a shower. [23]Our daughter is studying maths/mathematics. [24]Not many women study maths/mathematics. [25]My neighbour is training to be an actor.

2.2 Grammatik

2.2 Dieses *do* ist doch überall
Fragebildung und Verneinung mit do

> → Fragen werden im Deutschen durch Umstellung von **Subjekt** und **Verb** gebildet (z.B. **Er raucht.** – **Raucht er?**). Im Englischen gilt das teilweise auch (z.B. **He is** *a smoker.* – **Is he** *a smoker?*). Teilweise jedoch muss das Verb *do* zur Bildung der Frage herangezogen werden (z.B. *Does he smoke?*).
> Auch in verneinten Sätzen (z.B. *Er raucht* **nicht**) kommt das Hilfsverb *do* zum Einsatz (z.B. *He* **doesn't** *smoke*).

1. Fragen

Fragen bildet man im Englischen mit einem Hilfsverb. (Hilfsverben sind Verben, die man zur Zeitenbildung verwendet, sowie Verben wie *can, must* etc.) Ist sonst kein Hilfsverb vorhanden, muss man in der Frage eine Form von *do* verwenden.

	Hilfs-verb		Hilfs-verb		
Ann	is	reading.	Is	Ann **reading**?	*Liest Ann (gerade)?*
He	was	smoking.	Was	he **smoking**?	*Rauchte er (gerade)?*
They	have	eaten.	Have	they **eaten**?	*Haben sie gegessen?*
She	had	arrived.	Had	she **arrived**?	*War sie angekommen?*
Tom	can	help.	Can	Tom **help**?	*Kann Tom helfen?*
I	must	hurry.	Must	I **hurry**?	*Muss ich mich beeilen?*
You	—	drive.	Do	you **drive**?	*Fahren Sie Auto?*
He	—	smokes.	Does	he **smoke**?	*Raucht er?*
It	—	rained.	Did	it **rain**?	*Hat es geregnet?*

Frage und Verneinung mit *do* — 2.2

2. Verneinung

Sätze verneint man im Englischen mit einem Hilfsverb. Ist sonst kein Hilfsverb vorhanden, muss man eine Form von *do* verwenden.

	Hilfs-verb			Hilfs-verb		
We	are	waiting.	We	aren't	waiting.	*Wir warten nicht.*
I	can	come.	I	can't	come.	*Ich kann nicht kommen.*
They	–	know.	They	don't	know.	*Sie wissen nicht Bescheid.*
He	–	smokes.	He	doesn't	smoke.	*Er raucht nicht.*
It	–	snowed.	It	didn't	snow.	*Es hat nicht geschneit.*

2.2 Test

Korrigieren Sie diese Fragen. Sie haben alle einen Fehler.

1. What means the word "relation"?
   _____

2. Saw you a ghost?
   _____

3. Know you their address?
   _____

4. Speaks he German?
   _____

5. Did you saw the accident?
   _____

6. What job do you?
   _____

7. Where work you?
   _____

8. When starts the film?
   _____

9. Does he needs any help?
   _____

10. Why said she that?
    _____

Verwandeln Sie diese Sätze in Fragen.

11. You can see the sea.
    _____

12. The phone is ringing.
    _____

13. He knows Paris well.
    _____

14. She has finished breakfast.
    _____

Frage und Verneinung mit *do* — 2.2

15 She had breakfast.

16 They own the house.

17 It will cost a lot.

18 They read the *Times*.

19 He is reading the *Times*.

20 I knew the area well.

Verneinen Sie die Sätze 11–20.

---

¹What does the word "relation" mean? ²Did you see a ghost? ³Do you know their address? ⁴Does he speak German? ⁵Did you see the accident? ⁶What job do you do? ⁷Where do you work? ⁸When does the film start? ⁹Does he need any help? ¹⁰Why did she say that? ¹¹Can you see the sea?/You can't see the sea. ¹²Is the phone ringing?/The phone isn't ringing. ¹³Does he know Paris well?/He doesn't know Paris well. ¹⁴Has she finished breakfast?/She hasn't finished breakfast. ¹⁵Did she have breakfast?/She didn't have breakfast. ¹⁶Do they own the house?/They don't own the house. ¹⁷Will it cost a lot?/It won't cost a lot. ¹⁸Do they read the *Times*?/They don't read the *Times*. ¹⁹Is he reading the *Times*?/He isn't reading the *Times*. ²⁰Did you know the area well?/I didn't know the area well.

2.3 Die verflixten unregelmäßigen Verben
Unregelmäßige Verben I

→ Im Englischen wie im Deutschen gibt es unregelmäßige Verben. Es gibt keine Regel, die einem sagt, welche Verben unregelmäßig sind und wie die Formen lauten – man muss sie schlicht und einfach auswendig lernen.

Grundform	Vergangenheit	Partizip Perfekt	
be	was/were	been	*sein*
become	became	become	*werden*
begin	began	begun	*beginnen*
break	broke	broken	*(zer)brechen*
bring	brought	brought	*bringen*
build	built	built	*bauen*
buy	bought	bought	*kaufen*
catch	caught	caught	*fangen, erwischen*
choose	chose	chosen	*(aus)wählen*
come	came	come	*kommen*
cost	cost	cost	*kosten*
cut	cut	cut	*schneiden*
do	did	done	*tun, machen*
drink	drank	drunk	*trinken*
drive	drove	driven	*fahren*
eat	ate	eaten	*essen*
fall	fell	fallen	*fallen*
feel	felt	felt	*(sich) (an)fühlen*
fight	fought	fought	*kämpfen*

Unregelmäßige Verben I 2.3

Grundform	Vergangenheit	Partizip Perfekt	
find	found	found	*finden*
fly	flew	flown	*fliegen*
forbid	forbade	forbidden	*verbieten*
forget	forgot	forgotten	*vergessen*
freeze	froze	frozen	*(ge)frieren*
get	got	got	*bekommen*
give	gave	given	*geben*
go	went	gone	*gehen*
grow	grew	grown	*wachsen*
hang	hung	hung	*hängen*
have	had	had	*haben*
hear	heard	heard	*hören*
hold	held	held	*halten*
hurt	hurt	hurt	*wehtun*
keep	kept	kept	*weiter (tun)*
know	knew	known	*wissen, kennen*
lay	laid	laid	*legen*
lead	led	led	*führen, leiten*
leave	left	left	*(hinter)lassen; abfahren*
lend	lent	lent	*(aus)leihen*
let	let	let	*lassen*
lie	lay	lain	*liegen*

2.3 Test

Ergänzen Sie die richtige Form des Verbs in der Klammer.

1. How many glasses of wine have you _____? (drink)
2. I _____ down in the grass and slept. (lie)
3. We _____ the 6.35 train and _____ to London at 9.55. (catch, get)
4. I've _____ the crossword. I _____ it in 22 minutes. (do, do)
5. They've _____ a big new hotel. (build)
6. I _____ up the pictures last night. (hang)
7. The weather _____, so we _____ a party. (hold, give)
8. I'm sorry, but she's already _____ the office. (leave)

Wählen Sie die richtige Antwort.

9. I'm afraid I've ❑ forgiven / ❑ forgotten your name.
10. He's ❑ bought / ❑ brought a house in France.
11. It ❑ fell / ❑ felt very cold without a pullover.
12. She says she ❑ laid / ❑ lain the papers on your desk.
13. I didn't get wet because Ann ❑ led / ❑ lent me an umbrella.
14. Have you ❑ done / ❑ down that translation yet?
15. We ❑ chose / ❑ choice a lovely warm red colour.

Unregelmäßige Verben I — 2.3

Ergänzen Sie mit einem passenden Verb aus der Liste auf Seite 158–159.

16 This year has been a huge success and we've _____ our old record.

17 It _____ last night and there's ice on the roads.

18 He said he was sorry for what he had_____, and I _____ him.

19 He _____ it was a mistake to ask his boss, but he still _____ it.

20 Has the match already _____?

21 The room _____ $ 300 a night.

22 We didn't drive, we _____ because it was quicker.

23 The village has _____ a lot and _____ a small town.

24 Who _____ the car? – My son, because I'd _____ my arm.

25 Before she _____ out, she _____ a note.

¹drunk ²lay ³caught, got ⁴done, did ⁵built ⁶hung ⁷held, gave ⁸left ⁹forgotten ¹⁰bought ¹¹felt ¹²laid ¹³lent ¹⁴done ¹⁵chose ¹⁶broken ¹⁷froze ¹⁸done, forgave ¹⁹knew, did ²⁰begun ²¹cost ²²flew ²³grown, become ²⁴drove, broken ²⁵went, left

2.4 Grammatik

2.4 Noch mehr unregelmäßige Verben
Unregelmäßige Verben II

→ Auch in dieser Liste wartet manche Überraschung und Fehlerquelle. Doch wenn Sie diesen Abschnitt bearbeitet haben, kennen Sie alle wichtigen unregelmäßigen Verben des Englischen.

Grundform	Vergangenheit	Partizip Perfekt	
lose	lost	lost	*verlieren*
make	made	made	*machen*
mean	meant	meant	*bedeuten; meinen; vorhaben*
meet	met	met	*treffen*
pay	paid	paid	*(be)zahlen*
put	put	put	*stellen, stecken, legen*
read	read	read	*lesen*
ride	rode	ridden	*reiten; fahren*
ring	rang	rung	*anrufen; klingeln*
rise	rose	risen	*(an-, auf)steigen; aufgehen*
run	ran	run	*laufen*
say	said	said	*sagen*
see	saw	seen	*sehen*
sell	sold	sold	*verkaufen*
send	sent	sent	*senden*
shake	shook	shaken	*schütteln*
shine	shone	shone	*scheinen*
shoot	shot	shot	*(er)schießen*

Unregelmäßige Verben II 2.4

Grundform	Vergangenheit	Partizip Perfekt	
show	showed	shown	*zeigen*
shut	shut	shut	*schließen*
sing	sang	sung	*singen*
sink	sank	sunk	*sinken, versenken*
sit	sat	sat	*sitzen*
sleep	slept	slept	*schlafen*
speak	spoke	spoken	*sprechen*
spend	spent	spent	*verbringen; ausgeben*
stand	stood	stood	*stehen*
steal	stole	stolen	*stehlen*
stick	stuck	stuck	*stecken; kleben*
swim	swam	swum	*schwimmen*
take	took	taken	*nehmen; dauern*
teach	taught	taught	*lehren, unterrichten*
tear	tore	torn	*reißen*
tell	told	told	*erzählen, sagen*
think	thought	thought	*denken*
throw	threw	thrown	*werfen*
understand	understood	understood	*verstehen*
wake	woke	waken	*wecken*
wear	wore	worn	*tragen*
win	won	won	*gewinnen*
write	wrote	written	*schreiben*

2.4 Test

Setzen Sie in die Vergangenheit.

1. I (ring) the New York office yesterday.

2. I (speak) to Mrs Mailer about it.

3. I (think) you knew.

4. We (sit) on the floor.

5. The journey (take) over 9 hours.

6. We last (meet) at the Hanover Fair.

7. She (spend) three weeks there last autumn.

8. He (write) me an e-mail this morning.

9. I (wake) up in the middle of the night.

10. He (sleep) for 11 hours.

Unregelmäßige Verben II 2.4

Ergänzen Sie die englische Entsprechung in der richtigen Form.

11 I have _____ this film before. (*sehen*)

12 I _____ it last year in London. (*sehen*)

13 I have _____ my passport. (*verlieren*)

14 He says he's _____ the computer, but it still doesn't work! (*schütteln*)

15 Have you _____ to your boss yet? (*sprechen*)

16 I'm sorry, I don't think I _____ you correctly. (*verstehen*)

17 Someone _____ the documents while I was out of the room. (*stehlen*)

18 The sun _____ at 4.17 that morning. (*aufgehen*)

19 Have you _____ the bill? (*bezahlen*)

20 I haven't _____ so far for a long time. (*schwimmen*)

Ergänzen Sie mit einem passenden Verb aus der Liste auf Seite 162 – 163.

21 I last _____ this dress at Ann's wedding.

22 We drank lots of vodka and _____ some songs.

23 We were _____ out of the restaurant because we were so noisy.

24 I've only _____ 6 days holiday so far this year.

25 I'm sorry, I _____ to tell you earlier.

---

[1]rang [2]spoke [3]thought [4]sat [5]took [6]met [7]spent [8]wrote [9]woke [10]slept [11]seen [12]saw [13]lost [14]shaken [15]spoken [16]understood [17]stole [18]rose [19]paid [20]swum [21]wore [22]sang [23]thrown [24]taken [25]meant

2.5 Grammatik

2.5 Die perfekte Vergangenheit gibt es nicht
Present Perfect *und* Past Tense

> → Im Deutschen sind Vergangenheitsform (z.B. *wir* **redeten**) und Perfekt (z.B. *wir* **haben geredet**) oft austauschbar. Im Englischen ist das nicht so – eine tückische und häufige Fehlerquelle.

1. Deutsch: Perfekt – Englisch: *Past Tense* **(Vergangenheit)**
Wenn gesagt oder gefragt wird, wann genau (s. Unterstreichungen) ein Vorgang in der Vergangenheit abgeschlossen wurde, muss man im Englischen die Vergangenheitsform verwenden.

*Ich **habe** gestern Tom **gesehen**. / Ich **sah** Tom gestern.*
I **saw** (~~have seen~~) Tom yesterday.

*Sie **haben** letztes Jahr Pleite **gemacht**. / Sie **machten** letztes Jahr Pleite.*
They **went** (~~have gone~~) bankrupt last year.

*Wann **ist** sie **angekommen**? / Wann **kam** sie an?*
When **did** she **arrive** (~~has she arrived~~)?

*Um wie viel Uhr **hat** er **angerufen**? Um wie viel Uhr **rief** er an?*
What time **did** he **phone** (~~has he phoned~~)?

2. Deutsch: Vergangenheit – Englisch: *Present Perfect*

In Verbindung mit unbestimmten Zeitangaben („in letzter Zeit", „schon (einmal)" usw.) verwendet man im Englischen das *Present Perfect*.

> *<u>In letzter Zeit</u> **hatte** er viel zu tun.* / *<u>In letzter Zeit</u> **hat** er viel zu tun **gehabt**.*
> He **has had** a lot to do <u>lately</u>.
>
> ***Warst** du <u>schon einmal</u> hier?* / ***Bist** du <u>schon einmal</u> hier **gewesen**?*
> **Have** you **been** here <u>before</u>?

Im amerikanischen Englisch ist zum Teil – wie im Deutschen – die Vergangenheit möglich. Sicherheitshalber verwende man jedoch bei folgenden Zeitangaben das *Present Perfect*:

already	*schon*
yet?	*schon? (in Fragen)*
always	*schon immer*
before	*schon einmal*
ever?	*schon einmal? (in Fragen)*
so far	*bisher*
not yet	*noch nicht*
never	*nie*
lately	*in letzter Zeit*
recently	*in letzter Zeit*
just	*gerade*

2.5 Test

Richtig oder falsch? Wenn der Satz falsch ist, berichtigen Sie ihn.

1. We've met two years ago at the Hanover Fair.

2. I haven't been to Canada before.

3. I've read the book while I was on holiday.

4. It has been easier to learn things when I was younger.

5. Yesterday I have had a terrible headache.

Ergänzen Sie das *Present Perfect* oder die Vergangenheit.

6. Nearly everybody (check in) now.

7. Some people (arrive) last night.

8. I (see) the Smiths a few minutes ago.

9. It (be) very cold here lately.

10. We (go) to the theatre last week.

11. We (not be) to the cinema much recently.

12. I (write) 15 postcards so far.

Present Perfect und Past Tense

13   When (you/find) that out?

14   I (always/cycle) to work. It's the only exercise I get.

15   Ann (phone) at 3 o'clock.

16   I (be) in London in April.

17   The train (be) very full lately.

Übersetzen Sie.

18   Wann ist der Brief gekommen?

19   Er ist bei einem Unfall ums Leben gekommen.

20   Wir haben uns letzte Woche getroffen.

21   Ich war noch nie in Florida.

22   Ich wollte schon immer fliegen lernen. Es ist herrlich.

---

[1]falsch: We met ... [2]richtig [3]falsch: I read ... [4]falsch: It was ... [5]falsch: Yesterday I had ... [6]has checked in [7]arrived [8]saw [9]has been [10]went [11]haven't been [12]have written [13]did you find [14]have always cycled [15]phoned [16]was [17]has been [18]When did the letter come? [19]He died in an accident. [20]We met last week. [21]I have never been to Florida. [22]I have always wanted to learn to fly. It's wonderful.

2.6 Seit anno dazumal und immer noch *Present Perfect*
Present Perfect *mit* since *und* for

→ Handlungen, die in der Vergangenheit begonnen haben und bis in die Gegenwart andauern, kann man unterschiedlich sehen – als Gegenwart (z.B. deutsch *ich* **lebe** *hier seit zehn Jahren*) oder als Vergangenheit (z.B. englisch *I* **have lived/have been living** *here for 10 years*). Diese unterschiedliche Sichtweise ist für Deutschsprachige eine häufige Fehlerquelle im Englischen.

1. Deutsch: Gegenwart – Englisch: *Present Perfect*
Anders als im Deutschen verwendet man im Englischen das *Present Perfect*, wenn eine Handlung in der Vergangenheit begonnen hat und bis in die Gegenwart andauert.

*Ich **kenne** ihn seit* 1998.*
I **have known** (~~know~~) him since 1998.

*Das Auto **steht** seit* über 3 Wochen hier.*
The car **has been** (~~is~~) here for over 3 weeks.

*„seit" + Anfangszeitpunkt (Frage: „seit wann?") = *since*
„seit" + Zeitspanne/Dauerangabe (Frage: „wie lange schon?") = *for*

2. Verlaufsform des *Present Perfect*
Mit der Verlaufsform des *Present Perfect* wird das Andauern der Handlung betont. Bestimmte Verben können jedoch nur in der einfachen Form stehen (s. Übersicht S. 151).

*Ich **arbeite** seit 10 Jahren hier.*
I **have been working** here for 10 years.

*Ich **warte** schon die ganze Woche.*
I **have been waiting** all week.

*Ich **habe** seit einer Woche die Grippe.*
I **have had** the flu for a week.

Present Perfect mit *since* und *for*

Test

Ergänzen Sie die einfache Form des *Present Perfect* + *since* oder *for*.

1. The letter (be) _____ on his desk _____ nearly a week.
2. How long (you/know) _____ them? – _____ May 2000.
3. I (be) _____ off work _____ last Friday.
4. They (be) _____ married _____ over 40 years.
5. _____ last Friday petrol (cost) _____ 5 cents more.
6. The castle (belong) _____ to the royal family _____ over 500 years.

Ergänzen Sie die Verlaufsform des *Present Perfect* + *since* oder *for*.

7. We (look for) _____ somewhere to stay _____ over an hour.
8. I (work) _____ on this problem _____ yesterday.
9. It (rain) _____ _____ early afternoon.
10. She (teach) _____ at this school _____ 1995.
11. They (repair) _____ this road _____ over a year.
12. I (wait) _____ for him _____ yesterday afternoon.
13. She (talk) _____ to the boss _____ nearly two hours.
14. I (learn) _____ Spanish _____ six months now.
15. We (try) _____ to repair it _____ 10 o'clock this morning.

Übersetzen Sie. Verwenden Sie die Verlaufsform, wenn das Verb es zulässt.

16. Seit 10 Uhr schneit es.

    _____

17. Er ist seit mehreren Jahren [schon] tot.

    _____

Test

18 Wir kennen uns seit über 20 Jahren.

19 Ich weiß es schon lange.

20 Wie lange warten Sie?

21 Ich trainiere Pferde, seit ich 20 bin.

22 Ist dieser Baum schon immer hier gewesen?

23 Wir besitzen seit zwei Jahren ein Boot.

24 Es kostet schon immer mehr im August.

25 Ich suche seit Weihnachten eine neue Stelle.

---

[1] has been ... for [2] have you known ... Since [3] have been ... since [4] have been married for [5] Since ... has cost [6] has belonged ... for [7] have been looking ... for [8] have been working ... since [9] has been raining since [10] has been teaching ... since [11] have been repairing ... for [12] have been waiting ... since [13] has been talking ... for [14] have been learning ... for [15] have been trying ... since [16] It has been snowing since 10 o'clock. [17] He has been dead for several years. [18] We have known each other for over 20 years. [19] I have known (it) for a long time. [20] How long have you been waiting? [21] I have been training horses since I was 20. [22] Has this tree always been here? [23] We have owned a boat for two years. [24] It has always cost more in August. [25] I have been looking for a new job since Christmas.

Die *-ing*-Form I 2.7

2.7 Kein Infinitiv (weder mit noch ohne *to*), sondern *-ing*
Die *-ing*-Form (Gerundium) I

→ Einem deutschen Infinitiv (= Grundform des Verbs) entspricht nicht immer ein Infinitiv im Englischen. Die Verben, bei denen dies der Fall ist, muss man auswendig lernen.

Deutsch: Verb + Infinitiv – Englisch: Verb + *-ing*-Form
Auf bestimmte Verben folgt im Englischen eine *-ing*-Form (Gerundium) – kein Infinitiv.

*Ich **habe aufgehört zu** rauchen.* — I've **given up** smo**king**.
*Ich kann mir **vorstellen** hier **zu** leben.* — I can **imagine** li**ving** here.
***Macht** es Ihnen etwas **aus zu** warten?* — Do you **mind** wai**ting**?

admit	zugeben	keep (on)	weiter tun
avoid	vermeiden	like	gern tun/haben
carry on	weiter tun	love	sehr gern tun/haben
consider	erwägen	mention	erwähnen
delay	hinauszögern	mind	etwas dagegen haben
deny	bestreiten		
discuss	besprechen	miss	vermissen
dislike	ungern tun/haben	not help	nicht umhin können
enjoy	gern tun/haben	practise	üben
finish	zu Ende tun	prefer	lieber tun/haben
give up	aufgeben, -hören	recommend	empfehlen
go on	weiter tun	regret	bedauern
hate	sehr ungern tun/haben	risk	riskieren
		start	anfangen
imagine	sich vorstellen	stop	aufhören
involve	mit sich bringen	suggest	vorschlagen

2.7 Test

Ergänzen Sie: -*ing*-Form oder Infinitiv.

1. Did you manage (start) _____ the car?
2. I try to avoid (meet) _____ him at work.
3. But you promised (help) _____ me.
4. She refused (see) _____ me.
5. I suggest (ask) _____ an expert.
6. I don't mind (work) _____ at the weekend.
7. We don't miss (not have) _____ a daily paper any more.
8. I couldn't stop (laugh) _____. It looked so funny.
9. I can't imagine (want) (move) _____. But we'll have to.
10. I've given up (ask) _____ her. She never comes.
11. It seems (use) _____ more petrol than before.
12. He threatened (throw) _____ us out.
13. We'll risk (lose) _____ the contract.
14. He admitted (take) _____ money in return for information.
15. Can't you stop (talk) _____?
16. Where did you learn (ski) _____ so well?
17. I wouldn't recommend (buy) _____ that model.
18. We can't keep (meet) _____ like this.
19. We discussed (buy) _____ a new computer.
20. Have you considered (go) _____ to a hypnotist?

Die -ing-Form I   2.7

Übersetzen Sie.

21 Ich kann mir nicht vorstellen ohne dich zu fahren.

22 Er schlug vor, die Polizei zu holen.

23 Wir konnten es nicht vermeiden, Dreck zu machen.

24 Wir müssen es üben früher aufzustehen.

25 Ich habe nichts dagegen zu warten.

---

[1]to start [2]meeting [3]to help [4]to see [5]asking [6]working [7]not having
[8]laughing [9]wanting to move [10]asking [11]to use [12]to throw [13]losing
[14]taking [15]talking [16]to ski [17]buying [18]meeting [19]buying [20]going
[21]I can't imagine going without you. [22]He suggested getting the police.
[23]We couldn't avoid making a mess. [24]We must practise getting up
earlier. [25]I don't mind waiting.

2.8 Weder Infinitiv noch *that*, sondern noch einmal *-ing*
Die -ing-Form (Gerundium) II

→ Auf eine Präposition folgt im Englischen grundsätzlich eine *-ing*-Form (Gerundium) – kein Infinitiv oder ein Satz mit *that*.

Präposition + *-ing*-Form
Präpositionen verbinden sich mit Adjektiven, Nomen und Verben zu festen Wendungen, auf die eine *-ing*-Form folgt.

He **is good at** drawing animals.	*Er kann gut Tiere zeichnen.*
Sonia had **the idea of** asking Willi.	*Sonia hatte die Idee, Willi zu fragen.*
We **are thinking of** moving.	*Wir überlegen umzuziehen.*
He **apologized for** not telling us earlier.	*Er entschuldigte sich dafür, dass er uns nicht vorher informiert hatte.*

Adjektiv + Präposition
be **afraid/frightened of** doing something	*Angst (davor) haben, etwas zu tun*
be **capable of** doing something	*fähig sein, etwas zu tun*
be **good/bad at** doing something	*etwas gut/schlecht (tun) können*
be **interested in** doing something	*interessiert (daran) sein, etwas zu tun*
be **proud of** doing something	*stolz (darauf) sein, etwas zu tun*
be **tired of / fed up with** doing something	*es leid sein, etwas zu tun*

Nomen + Präposition
the **advantage/disadvantage of** doing something	*der Vorteil/Nachteil (darin), etwas zu tun*
the **alternative to** doing something	*die Alternative (dazu), etwas zu tun*
the **chances of** doing something	*die Chancen, etwas zu tun*
the **danger/risk of** doing something	*die Gefahr/das Risiko (darin), etwas zu tun*
the **habit of** doing something	*die Gewohnheit, etwas zu tun*
the **idea of** doing something	*die Idee/Vorstellung, etwas zu tun*
the **possibility of** doing something	*die Möglichkeit, etwas zu tun*
the **reason for** doing something	*der Grund, etwas zu tun*
the **thought of** doing something	*der Gedanke, etwas zu tun*

Die -ing-Form I — 2.8

Verb + Präposition

apologize for doing something	*sich dafür entschuldigen, etwas zu tun*
be used to doing something	*daran gewöhnt sein, etwas zu tun*
concentrate on doing something	*sich darauf konzentrieren, etwas zu tun*
decide against doing something	*sich dagegen entscheiden, etwas zu tun*
dream of doing something	*davon träumen, etwas zu tun*
feel like doing something	*Lust (darauf) haben, etwas zu tun*
insist on doing something	*darauf bestehen, etwas zu tun*
look forward to doing something	*sich darauf freuen, etwas zu tun*
object to doing something	*dagegen protestieren, etwas zu tun*
specialize in doing something	*sich darauf spezialisieren, etwas zu tun*
succeed in doing something	*es schaffen, etwas zu tun*
think about doing something	*daran denken, etwas zu tun*
warn against doing something	*davor warnen, etwas zu tun*

2.8 Test

Ergänzen Sie: Präposition + -ing-Form oder Infinitiv.

1. It's time (go) _____.
2. I can't get into the habit (get) _____ up early.
3. I can't go out. I'm afraid (meet) _____ someone from work.
4. We tried (get) _____ in through the window.
5. He apologized (come) _____ late.
6. I hate the idea (throw) _____ these old things away.
7. Are you interested (come) _____ with us?
8. What is the alternative (go) _____ by car?
9. She had the courage (say) _____ no.
10. We are very proud (win) _____.
11. What are the disadvantages (live) _____ in the country?
12. I was impatient (find) _____ out what happened.
13. I was looking forward (find) _____ out what happened.
14. Do you ever dream (win) _____ a lot of money?
15. I asked her (help) _____ me.
16. There's a big risk (lose) _____ the contract.
17. He gave us permission (borrow) _____ his car.
18. Is there a possibility (borrow) _____ someone's car?
19. I object (use) _____ throw-away plastic cups.

Die -ing-Form I — 2.8

Übersetzen Sie.

20 Ich bin daran gewöhnt allein zu arbeiten.

21 Was waren die Gründe, die anderen nicht einzuladen?

22 Ich bin es leid, Ausreden für ihn zu erfinden („machen").

23 Er entschudigte sich dafür, dass er den Termin nicht einhalten konnte.

24 Sind Sie daran interessiert, sich einige andere Beispiele anzusehen?

25 Wir haben ihn davor gewarnt, in jene Firma zu investieren.

---

[1]to go [2]of getting [3]of meeting [4]to get [5]for coming [6]of throwing [7]in coming [8]to going [9]to say [10]of winning [11]of living [12]to find [13]to finding [14]of winning [15]to help [16]of losing [17]to borrow [18]of borrowing [19]to using [20]I am used to working alone/on my own. [21]What were the reasons for not inviting the others? [22]I'm tired of/fed up with making excuses for him. [23]He apologized for not keeping the appointment. [24]Are you interested in looking at some other examples? [25]We (have) warned him against investing in that firm.

2.9 Grammatik

2.9 Wenn nur das Wörtchen „wenn" nicht wäre
if-*Sätze*

> → Aus der Schulzeit weiß es jede(r): *if*-Sätze bereiten immer wieder Probleme – vor allem deshalb, weil „würde", „hätte" und „wäre" oft nicht mit *would*, *had* und *were* wiedergegeben werden.

Typ 1: Was ist, wenn ...

Bedingung: Gegenwart	Folge: *will*
If Tom **phones** (~~will phone~~),	I **will** tell him the news.
Wenn Tom anruft,	*sage ich ihm die Neuigkeiten.*

→ „wenn" im Sinne von „falls" = *if* (nicht ~~when~~)!
→ Kein *will* in der Bedingung – *will* (nicht ~~Gegenwart~~) in der Folge!

Typ 2: Was wäre, wenn ...

Bedingung: Vergangenheit	Folge: *would/could/might*
If I **won** (~~would win~~) $1 million,	I **would** buy a big house.
Wenn ich ... gewinnen würde,	*würde ich ein großes Haus kaufen.*

→ Kein *would* in der Bedingung!

Typ 3: Was wäre gewesen, wenn ...

Bedingung: *had-Perfect*	Folge: *would/could/might* + *have-Perfect*
If I **had left** earlier,	I **would have caught** the train.
Wenn ich früher gegangen wäre,	*hätte ich den Zug erwischt.*

if-Sätze 2.9

Test

Ergänzen Sie die richtige Verbform.

1 If I knew his e-mail address, I (send) _____ him a mail.

2 I'll go without them if they (not be) _____ ready soon.

3 What (you/do) _____ if they say you can't take the dog with you.

4 Would you go to the USA if someone (offer) _____ you a good job?

5 If you (give) _____ up smoking, you'd save a lot of money.

6 If I (see) _____ her, I would have asked her. But she wasn't there.

7 It (not matter) _____ if we had more time.

8 If you (see) _____ Ann, will you ask her to phone me, please?

9 I'll do it this evening if I (have) _____ time.

10 It (be) _____ so easy if we had had the right tools.

11 If I (feel) _____ better, I'll go back to work tomorrow.

12 We (move) _____ to somewhere bigger if we could afford it.

13 If he had driven more carefully, the accident (not happen) _____.

14 We (be) _____ back in time if we leave early enough.

2.9 Test

15 If he (work) _____ harder, he (not have) _____ such a bad result in the last test.

16 If I (know) _____, I wouldn't have made the suggestion.

17 If I (have) _____ enough money, I would have bought it.

18 If we go to New Zealand in June, it (be) _____ the middle of the winter there.

19 If you (go) _____ to bed earlier, you wouldn't find it so difficult to get up in the mornings.

20 If I (have) _____ my mobile phone with me, I could have phoned you.

Übersetzen Sie.

21 Wenn es Samstag regnet, bleiben wir zu Hause.

22 Ich hätte angerufen, wenn ich die Nummer gewusst hätte.

23 Wenn ich Zeit hätte, würde ich heute Abend ins Kino gehen.

24 Ich würde einfach fragen, wenn ich Hilfe bräuchte.

25 Es wäre leichter, wenn wir nicht so müde wären.

---

[1]would send [2]aren't [3]will you do [4]offered [5]gave [6]had seen [7]wouldn't matter [8]see [9]have [10]would have been [11]feel [12]would move [13]would not have happened [14]will be [15]had worked … would not have had [16]had known [17]had had [18]will be [19]went [20]had had [21]If it rains on Saturday, we'll stay at home. [22]I would have phoned/called if I had known the number. [23]If I had time, I would go to the cinema/movies this evening. [24]I would simply ask if I needed help. [25]It would be easier if we weren't so tired.

2.10 Mal mit und mal ohne -ly
Adjektiv und Adverb

> → Ein Adjektiv sagt etwas über eine <u>Person/Sache</u> aus und beschreibt, wie sie ist, z.B. <u>Sie</u> *ist* <u>sorgfältig</u>. <u>Sie</u> *ist eine* <u>sorgfältige</u> *Mitarbeiterin*.
> Ein Adverb sagt aus, <u>wie etwas gemacht wird</u>, z.B. *Sie* <u>arbeitet</u> <u>sorgfältig</u>.
> Im Deutschen sind Adjektiv und Adverb oft formgleich, z.B. *Sie ist* <u>sorgfältig</u>. *Sie arbeitet* <u>sorgfältig</u>. Im Englischen ist das bis auf einige Ausnahmen nicht der Fall, z.B. *She is* <u>careful</u>. *She works* <u>carefully</u>.

Adverb = Adjektiv + -ly
Adverbien werden im Englischen durch Anhängen von *-ly* gebildet.

> Ann is **imaginative**. *Ann ist phantasievoll.*
> She cooks **imaginatively**. *Sie kocht phantasievoll.*

Ausnahmen:
1. Adjektiv und Adverb formgleich:

> daily *täglich*   early *früh*   fast *schnell*   hard* *hart, schwer*
> late* *spät*   low *niedrig*   right *richtig*

*Bedeutungsunterschied beachten:
hard *hart, schwer* – hard**ly** *kaum*
late *spät* – late**ly** *in letzter Zeit*

2. Sonderfall *good – well*

> She's a **good** cook. *Sie ist eine gute Köchin.*
> She cooks **well**. *Sie kocht gut.*

2.10 Grammatik

Gebrauch des Adverbs
Ein Adverb muss verwendet werden, wenn man 1. die Art und Weise einer Tätigkeit oder 2. den Grad einer Eigenschaft beschreibt.

1. Art und Weise – Bezug: <u>Verb</u>

> Don <u>drives</u> **dangerously** (~~dangerous~~). *Don fährt gefährlich.*

Ausnahme:
Einige wenige Verben werden nicht mit Adverbien gebraucht:

> This pullover **feels soft** (~~softly~~). *Dieser Pullover fühlt sich weich an.*

be *sein*	smell *riechen*
become *werden*	sound *klingen*
feel *sich fühlen, sich anfühlen*	stay *bleiben*
look *aussehen*	taste *schmecken*
seem *scheinen*	

2. Grad – Bezug: <u>Adjektiv</u> oder <u>anderes Adverb</u>:

> The film was **unusually** (~~unusual~~) <u>long</u>. *Der Film war ungewöhnlich lang.*
> He works **incredibly** (~~incredible~~) <u>slowly</u>. *Er arbeitet unglaublich langsam.*

Stellung des Adverbs
Im Gegensatz zum Deutschen kann ein englisches Adverb normalerweise nicht zwischen <u>Verb</u> und <u>Objekt</u> stehen.

> I <u>opened</u> <u>the door</u> **quietly**. *Ich <u>öffnete</u> **leise** <u>die Tür</u>.*

Adjektiv und Adverb 2.10

Test

Welche Form ist richtig?

1. Do you know them ❏ good / ❏ well?
2. She works very ❏ slow / ❏ slowly.
3. Listen. This sounds ❏ good / ❏ well.
4. She drives very ❏ careful / ❏ carefully.
5. I don't see them ❏ regular / ❏ regularly.
6. Have you seen Mrs Smith ❏ late / ❏ lately?
7. It's ❏ hard / ❏ hardly quicker by plane, only an hour.
8. I feel ❏ awful / ❏ awfully. We are so ❏ awful / ❏ awfully late.
9. He asked so ❏ nice / ❏ nicely.
10. Do they pay ❏ good / ❏ well?

Setzen Sie die Wörter in Klammern in die richtige Form.

11. It's (cold) _____ today, (unusual) (cold) _____ today.

12. Tom always works very (hard) _____.

13. Mrs Tomkins is an (extreme) (reliable) _____ secretary.

14. The new model looks (good) _____ and functions (good) _____.

15. You can go on a (virtual) _____ tour of the museum on the Internet.

16. The deadline is (impossible) _____ for us.

17. The music was (wonderful) _____ and it was sung (beautiful) _____.

18. I don't feel (angry) _____, just (terrible) (disappointed) _____.

2.10 Test

19   This cost an (awful) _____ lot.

20   Did you write the address (right) _____?

Übersetzen Sie.

21   Gut gemacht, Tom. Sie arbeiten immer so schnell und sorgfältig.
_____

22   Sie spricht sehr gut Französisch.
_____

23   Wir brauchen schnell ein neues Modell.
_____

24   Ich öffnete vorsichtig die Tür.
_____

25   Der Vorschlag klingt exzellent.
_____

---

[1]well [2]slowly [3]good [4]carefully [5]regularly [6]lately [7]hardly [8]awful ... awfully [9]nicely [10]well [11]cold ... unusually cold [12]hard [13]extremely reliable [14]good ... well [15]virtual [16]impossible [17]wonderful ... beautifully [18]angry ... terribly disappointed [19]awful [20]right [21]Well done, Tom. You always work so fast/quickly and carefully. [22]She speaks French very well. [23]We need a new model fast/quickly. [24]I carefully opened the door / opened the door carefully. [25]The suggestion sounds excellent.

3 Präpositionen

Heißt es *at, on* oder etwa *to*?

3.1	**Wendungen mit Präpositionen von A – D**	**188**
	Test	
3.2	**Wendungen mit Präpositionen von E – I**	**202**
	Test	
3.3	**Wendungen mit Präpositionen von J – N**	**218**
	Test	
3.4	**Wendungen mit Präpositionen von O – S**	**230**
	Test	
3.5	**Wendungen mit Präpositionen von T – Z**	**242**
	Test	

3.1 Präpositionen

3.1 Heißt es *at, on* oder etwa *to*?
Wendungen mit Präpositionen von A – D

Wählen Sie die richtige Lösung.

Abend – *evening*

Am Abend hat es geregnet.
It rained ... the evening.
❏ *at*   ❏ *in*   ❏ *on*

Abneigung – *dislike*

Seine **Abneigung gegen** Katzen ist bekannt.
His dislike ... cats is well-known.
❏ *against*   ❏ *of*   ❏ *with*

Abschluss – *end*

Zum Abschluss der Tagung gab es eine Theateraufführung.
... the end of the conference there was a theatre performance.
❏ *At*   ❏ *In*   ❏ *To*

Abwechslung – *change*

Zur Abwechslung gibt es mal Fisch zum Abendessen.
There's fish for supper ... a change.
❏ *for*   ❏ *in*   ❏ *to*

akzeptabel – *acceptable*

Ist die Lösung **für** Sie **akzeptabel**?
Is this solution acceptable ... you?
❏ *at*   ❏ *to*   ❏ *with*

A – D 3.1

allergisch – *allergic*

Sie ist **gegen** Hunde **allergisch**.
She is allergic ... dogs.
❏ against ❏ to ❏ with

Alter – *age*

Im Alter von 80 Jahren hat sie angefangen zu studieren.
She started to study ... the age of 80.
❏ at ❏ in ❏ with

Menschen **in meinem Alter** haben oft Wehwehchen.
People ... my age often have little aches and pains.
❏ with ❏ of ❏ in

anders – *different*

Er ist **anders als** seine Schwester.
He's different ... his sister.
❏ from ❏ to ❏ as

Angebot – *offer*

Das haben wir im Moment **im Angebot**.
We've got that ... special offer at the moment.
❏ under ❏ in ❏ on

Abend in **Abneigung** of **Abschluss** At **Abwechslung** for **akzeptabel** to **allergisch** to **Alter** at, of **anders** from **Angebot** on

3.1 Präpositionen

angeln – *fish*

Er **angelt** ständig **nach** Komplimenten.
He's constantly fishing ... compliments.
❑ after ❑ at ❑ for

Angst – *fear*

Hattest du als Kind **Angst vor** der Dunkelheit?
As a child, were you afraid ... the dark?
❑ at ❑ before ❑ of

anklagen – *accuse*

Er wurde **wegen** Steuerhinterziehung **angeklagt**.
He was accused ... tax evasion.
❑ about ❑ for ❑ of

Anteil – *share*

Wie hoch ist dein **Anteil an** den Kosten?
How big is your share ... the costs?
❑ at ❑ in ❑ of

Antwort – *answer*

Wie lautet Ihre **Antwort auf** die Frage?
What is your answer ... the question?
❑ for ❑ on ❑ to

arbeiten – *work*

Ich **arbeite bei** einer Bank.
I work ... a bank.
❑ by ❑ for ❑ with

A – D   3.1

Art und Weise – *way*

Er lächelt immer **auf** freundliche **Art und Weise**.
He always smiles … a friendly way.
❏ in   ❏ on   ❏ with

Arzt – *doctor*

Frau Schmidt ist heute Morgen **beim Arzt**.
Mrs Smith is … the doctor's this morning.
❏ at   ❏ by   ❏ to

Assistent(in) – *assistant*

Er ist **Assistent der** Geschäftsführerin.
He's assistant … the managing director.
❏ for   ❏ of   ❏ to

aufbrechen – *set off*

Morgen Abend **brechen** wir **nach** Berlin **auf**.
We set off … Berlin tomorrow evening.
❏ into   ❏ for   ❏ to

aufteilen – *divide*

Wir müssen den Kuchen **in** fünf gleiche Teile **aufteilen**.
We have to divide the cake … five equal parts.
❏ at   ❏ on   ❏ into

---

angeln for **Angst** of **anklagen** of **Anteil** of **Antwort** to **arbeiten** for **Art und Weise** in **Arzt** at **Assistent(in)** to **aufbrechen** for **aufteilen** into

3.1 Präpositionen

Auge – *eye*

Sie sind **mit bloßem Auge** nicht erkennbar.
They are invisible ... the naked eye.
❏ to ❏ under ❏ with

Augenblick – *moment*

Wie steht der Wechselkurs **im Augenblick**?
What is the rate of exchange ... the moment?
❏ at ❏ in ❏ on

Ausblick – *view*

Von oben hat man einen wunderbaren **Ausblick auf** das Tal.
From the top there is a wonderful view ... the valley.
❏ of ❏ on ❏ onto

ausprobieren – *try out*

Sie hat es **an** ihren eigenen Familienmitgliedern **ausprobiert**.
She tried it out ... the members of her own family.
❏ at ❏ on ❏ towards

Auto – *car*

Wir sind **mit dem Auto** gekommen.
We came ... car.
❏ by ❏ in ❏ with

Wir sind **mit** unserem eigenen **Auto** gekommen.
We came ... our own car.
❏ by ❏ in ❏ with

A – D 3.1

Bank – *bank*

Hat sie viel Geld **auf** der **Bank**?
Has she got a lot of money … the bank?
❏ *at*   ❏ *in*   ❏ *up*

Bedingung – *condition*

Ich stimme zu **unter** einer **Bedingung**.
I agree … one condition.
❏ *by*   ❏ *on*   ❏ *under*

Bedrohung – *threat*

Was stellt die größte **Bedrohung für** unsere Umwelt dar?
What represents the greatest threat … our environment?
❏ *against*   ❏ *at*   ❏ *to*

Beerdigung – *funeral*

Ich war gestern **auf einer Beerdigung**.
I was … a funeral yesterday.
❏ *at*   ❏ *by*   ❏ *on*

behandeln – *treat*

Ich werde **wegen** Gicht **behandelt**.
I'm being treated … gout.
❏ *because of*   ❏ *for*   ❏ *over*

Auge to **Augenblick** at **Ausblick** of **ausprobieren** on **Auto** by, in **Bank** in **Bedingung** on **Bedrohung** to **Beerdigung** at **behandeln** for

3.1 Präpositionen

Beispiel – *example*

Das ist ein gutes **Beispiel für** das, was ich meine.
This is a good example ... what I mean.
❏ *for*   ❏ *from*   ❏ *of*

Beleidigung – *insult*

Die Absage ist eine **Beleidigung für** alle, die sich so eingesetzt haben.
The cancellation is an insult ... all who have done so much.
❏ *on*   ❏ *to*   ❏ *with*

beliebt – *popular*

Sie ist **beliebt bei** all ihren Kollegen und Kolleginnen ohne Ausnahme.
She is popular ... all her colleagues without exception.
❏ *by*   ❏ *between*   ❏ *with*

beneiden – *envy*

Ich **beneide** dich **um** deinen schönen Ausblick.
I envy you ... your lovely view.
❏ *about*   ❏ *over*   ❏ *- (= keine Präposition)*

berüchtigt – *notorious*

Diese Linie ist **berüchtigt wegen** Verspätungen.
This line is notorious ... delays.
❏ *about*   ❏ *for*   ❏ *from*

Beruf – *profession*

Sie ist nur Amateurjazzsängerin; sie ist Rechtsanwältin **von Beruf**.
She's only an amateur jazz singer; she's a lawyer ... profession.
❏ *by*   ❏ *for*   ❏ *from*

A – D 3.1

berühmt – *famous*

Das Restaurant ist **berühmt wegen** seiner Fischgerichte.
The restaurant is famous … its fish dishes.
❏ *for*   ❏ *from*   ❏ *over*

beschweren – *complain*

Ich werde mich **bei** der Geschäftsleitung **beschweren**.
I'm going to complain … the management.
❏ *at*   ❏ *by*   ❏ *to*

Ich werde mich **wegen** des miserablen Service **beschweren**.
I'm going to complain … the dreadful service.
❏ *about*   ❏ *against*   ❏ *over*

besessen – *obsessed*

Er ist regelrecht **von** der Idee **besessen**.
He's utterly obsessed … the idea.
❏ *from*   ❏ *over*   ❏ *with*

besonders – *special*

Was ist **besonders an** dem heutigen Tag?
What is special … today?
❏ *about*   ❏ *over*   ❏ *with*

Beispiel of **Beleidigung** to **beliebt** with **beneiden** keine Präposition **berüchtigt** for **Beruf** by **berühmt** for **beschweren** to, about **besessen** with **besonders** about

3.1 Präpositionen

besorgt – *anxious*

Ich bin **besorgt um** ihre Sicherheit.
I'm anxious ... their safety.
❏ *for* ❏ *in* ❏ *over*

bestehen – *consist*

Das Buch **besteht aus** 16 Kapiteln von verschiedenen Autoren.
The book consists ... 16 chapters by different authors.
❏ *in* ❏ *of* ❏ *out of*

Besuch – *visit*

Ich war **zu Besuch bei** meiner Tante.
I was ... a visit ... my aunt.
❏ *to ...with* ❏ *on ... by* ❏ *on ... to*

Bei meinem letzten **Besuch** war es noch schön warm.
... my last visit it was still nice and warm.
❏ *At* ❏ *By* ❏ *On*

beteiligt – *involved*

Sind Sie **an** diesem Projekt **beteiligt**?
Are you involved ... this project?
❏ *at* ❏ *in* ❏ *on*

beten – *pray*

Jeden Tag **beten** wir **um** Regen.
Every day we pray ... rain.
❏ *about* ❏ *for* ❏ *over*

A – D

Bett – *bed*

Es ist Zeit **ins Bett** zu gehen.
It's time to go ... bed.
❑ *by* ❑ *in* ❑ *to*

bewerben – *apply*

Wie viele haben sich **um** die Stelle **beworben**?
How many have applied ... the job?
❑ *after* ❑ *for* ❑ *on*

Bild – *picture*

Was seht ihr **auf dem Bild**?
What can you see ... the picture?
❑ *at* ❑ *in* ❑ *inside*

Die Sonnenblumen sind ein berühmtes **Bild von** Van Gogh.
The Sunflowers is a famous picture ... Van Gogh.
❑ *by* ❑ *from* ❑ *of*

bitten – *ask*

Sie **bitten um** mehr Zeit.
They're asking ... more time.
❑ *after* ❑ *for* ❑ *to*

---

besorgt for **bestehen** of **Besuch** on ... to, On **beteiligt** in **beten** for **Bett** to **bewerben** for **Bild** in, by **bitten** for

3.1 Präpositionen

Blick – *glance*

Sie hat alles **auf einen Blick** erkannt.
She saw everything … a glance.
☐ at   ☐ in   ☐ on

böse – *angry*

Sie war **auf** mich vielleicht **böse**!
She wasn't half angry … me!
☐ against   ☐ on   ☐ with

Buch – *book*

Hast du noch andere **Bücher von** dieser Autorin?
Have you got any other books … this author?
☐ by   ☐ from   ☐ off

Bus – *bus*

Ich bin **mit dem Bus** gekommen.
I came … bus.
☐ by   ☐ in   ☐ on

Ich bin **mit dem** Nachmittags**bus** gekommen.
I came … the afternoon bus.
☐ by   ☐ in   ☐ on

denken – *think*

An was **denkst** du gerade?
What are you thinking …?
☐ about   ☐ at   ☐ on

A – D 3.1

Oho, dachte ich **bei** mir. Das gibt Ärger.
Oho, I thought ... myself. That'll cause trouble.
❏ by   ❏ for   ❏ to

Dienst – *duty*

Ich bin **im Dienst**. Ich kann jetzt nicht weg.
I'm ... duty now. I can't leave.
❏ at   ❏ in   ❏ on

Ich bin heute **nicht im Dienst**. Ich habe frei.
I'm ... duty today. I've got a day off.
❏ behind   ❏ from   ❏ off

Diskussion – *discussion*

Wir hatten eine lange **Diskussion über** die Vor- und Nachteile.
We had a long discussion ... the advantages and disadvantages.
❏ about   ❏ over   ❏ with

diskutieren – *discuss*

Wir haben lange **über** das Thema **diskutiert**.
We discussed ... the topic for a long time.
❏ about   ❏ over   ❏ - (= keine Präposition)

Blick at **böse** with **Buch** by **Bus** by, on **denken** about, to **Dienst** on, off
Diskussion about **diskutieren** keine Präposition

3.1 Test

Korrigieren Sie die durchgestrichenen Präpositionen.

1. It rained ~~on~~ the afternoon.
   _____

2. I'm sorry, I have no time ~~in~~ the moment.
   _____

3. My wife works ~~by~~ a newspaper.
   _____

4. This model is very popular ~~by~~ women.
   _____

5. She is allergic ~~against~~ cats.
   _____

6. Can you give me an example ~~for~~ what you mean.
   _____

7. The region is famous ~~from~~ its wines.
   _____

8. I'm afraid he's ~~by~~ the doctor this morning.
   _____

9. There is something very special ~~on~~ today, can you guess what?
   _____

10. How much money have we got ~~on~~ the bank.
    _____

11. I hadn't noticed anything unusual ~~by~~ my first visit.
    _____

12. I'm afraid ~~before~~ what might happen.
    _____

13. I think it's time to go ~~into~~ bed.
    _____

Präpositionen von A – D 3.1

14 They are so small that they are invisible ~~with~~ the naked eye.

15 He is being treated ~~because of~~ shock.

16 The building ~~on~~ the picture, do you know it?

17 He retired ~~in~~ the age of 58.

18 I've never read a book ~~from~~ this author before.

19 We tried the slogan out ~~at~~ 120 people.

20 Can you tell me what the training consists ~~from~~?

21 I was thinking ~~at~~ something larger. Do you have a larger size?

22 I was unable to give them an answer ~~on~~ the question.

23 We discussed ~~over~~ the same question last week.

24 I'm sorry, I'm ~~in~~ duty this weekend.

---

[1]in [2]at [3]for [4]with [5]to [6]of [7]for [8]at [9]about [10]in [11]on [12]of [13]to [14]to [15]for [16]in [17]at [18]by [19]on [20]of [21]of [22]to [23]- (keine Präposition) [24]on

3.2 Präpositionen

3.2 Heißt es *at, on* oder etwa *to*?
Wendungen mit Präpositionen von E – I

Wählen Sie die richtige Lösung.

Ehe – *marriage*

Ich habe einen älteren Sohn **aus** einer früheren **Ehe**.
I have an older son ... a previous marriage.
❏ by ❏ off ❏ out of

Ehre – *honour*

Er hielt eine Rede **zu Ehren** seines toten Vaters.
He made a speech ... honour of his dead father.
❏ in ❏ on ❏ to

eifersüchtig – *jealous*

Er war immer **eifersüchtig auf** seine berühmte Schwester.
He was always jealous ... his famous sister.
❏ at ❏ of ❏ on

Einführung – *introduction*

Das Buch bietet eine hervorragende **Einführung in** das Thema.
The book is an excellent introduction ... the topic.
❏ in ❏ on ❏ to

empfindlich – *sensitive*

Dieser Zahn ist besonders **empfindlich gegen** Kälte.
This tooth is especially sensitive ... cold.
❏ on ❏ over ❏ to

Ende – *end*

Gegen Ende des Films wurde es etwas spannender.
It got a bit more exciting ... the end of the film.
❏ against ❏ to ❏ towards

Entfernung – *distance*

Aus dieser **Entfernung** sieht alles sehr klein aus.
... this distance everything looks very small.
❏ From ❏ In ❏ Out of

entscheiden – *decide*

Für welches Modell haben sie sich **entschieden**?
What model did they decide ...?
❏ at ❏ for ❏ on

Entspannung – *relaxation*

Zur Entspannung gehe ich in die Sauna.
... relaxation I go to the sauna.
❏ By ❏ For ❏ To

enttäuscht – *disappointed*

Ich war **von** der Resonanz sehr **enttäuscht**.
I was very disappointed ... the response.
❏ from ❏ over ❏ with

Ehe by **Ehre** in **eifersüchtig** of **Einführung** to **empfindlich** to **Ende** towards **Entfernung** From **entscheiden** on **Entspannung** For **enttäuscht** with

3.2 Präpositionen

Erfahrung – *experience*

Aus Erfahrung weiß ich, dass es ziemlich lange dauert.
... experience I know that it takes quite a long time.
❏ *From* ❏ *Off* ❏ *Out of*

erinnern – *remind*

Du **erinnerst** mich **an** eine frühere Kollegin.
You remind me ... a former colleague of mine.
❏ *of* ❏ *on* ❏ *to*

Erinnerung – *memory*

Ich tue es **in Erinnerung an** die schönen Zeiten, die wir zusammen hatten.
I'm doing it in memory ... the good times we had together.
❏ *at* ❏ *of* ❏ *to*

erklären – *declare*

Irak **erklärte** Kuwait **den Krieg**.
Irak declared war ... Kuwait.
❏ *at* ❏ *on* ❏ *to*

erstaunt – *surprised*

Über die positive Reaktion war ich sehr **erstaunt**.
I was very surprised ... the positive reaction.
❏ *at* ❏ *from* ❏ *on*

Etage – *floor*

Sie hat Büroräume **in** der dritten **Etage**.
She has offices ... the third floor.
❏ *at* ❏ *in* ❏ *on*

Euro – *euro*

Wir haben sie **zu** 30 **Euro** eingekauft und **zu** 50 wieder verkauft.
We bought them … 30 euros and sold them again … 50.
❑ at   ❑ on   ❑ with

fähig – *capable*

Vertrau ihm nicht. Er ist **zu** allem **fähig**.
Don't trust him. He's capable … anything.
❑ at   ❑ of   ❑ to

fahren – *drive*

Er ist **gegen** die Mauer **gefahren**.
He drove … the wall.
❑ against   ❑ in   ❑ into

Fahrrad – *bicycle, bike*

Ich bin **mit dem Rad** gekommen.
I came … bike.
❑ by   ❑ on   ❑ with

Ich bin **mit Ellens Rad** gekommen.
I came … Ellen's bike.
❑ by   ❑ on   ❑ with

Erfahrung From **erinnern** of **Erinnerung** of **erklären** on **erstaunt** at
Etage on **Euro** at **fähig** of **fahren** into **Fahrrad** by, on

3.2 Präpositionen

Feld – *field*

Der Bauer stand bewegungslos **auf** dem **Feld**.
The farmer stood motionless ... the field.
❏ *at*   ❏ *in*   ❏ *on*

Fenster – *window*

Ich kann nicht **bei** offenem **Fenster** schlafen. Es ist mir zu laut.
I can't sleep ... . It's too noisy for me.
❏ *by open window*   ❏ *with open window*   ❏ *with the window open*

Fernsehen – *television*

Was gibt es heute Abend **im Fernsehen**?
What's ... television this evening?
❏ *at*   ❏ *in*   ❏ *on*

Foto – *photo*

Auf dem **Foto** ist es Frühjahr.
It's springtime ... the photo.
❏ *at*   ❏ *in*   ❏ *on*

Frage – *question*

Es tut mir Leid: das kommt **nicht in Frage**.
I'm sorry: that's ... question.
❏ *not in*   ❏ *off*   ❏ *out of the*

fragen – *ask*

Ich **frage** mal gerade jemanden **nach** der Uhrzeit.
I'll just ask someone ... the time.
❏ *after*   ❏ *till*   ❏ *- (= keine Präposition)*

Frühstück – *breakfast*

Was trinken Sie **zum Frühstück**?
What do you drink ... breakfast?
❏ *for*   ❏ *to*   ❏ *next to*

Fuß – *foot*

Wir sind **zu Fuß** gekommen.
We came ... foot.
❏ *by*   ❏ *on*   ❏ *to*

Geburt – *birth*

Bei der Geburt wog er weniger als 2000 g.
... birth he weighed less than 2000 g.
❏ *At*   ❏ *By his*   ❏ *On*

Von Geburt ist sie Australierin.
She's Australian ... birth.
❏ *by*   ❏ *from*   ❏ *because of*

Feld in **Fenster** with the window open **Fernsehen** on **Foto** in **Frage** out of the **fragen** (keine Präposition) **Frühstück** for **Fuß** on **Geburt** At, by

3.2 Präpositionen

Geburtstag – *birthday*

Zum Geburtstag bekommt er einen Computer.
He's getting a computer … birthday.
❏ at his   ❏ for   ❏ for his

Gedanken – *thought*

Ich fühle mich ganz glücklich **bei dem Gedanken**.
I feel very happy … the thought.
❏ at   ❏ on   ❏ to

Gedicht – *poem*

Nenn mir ein berühmtes **Gedicht von** Goethe.
Name a famous poem … Goethe.
❏ by   ❏ from   ❏ of

Gefahr – *danger*

Dieser Mann ist eine **Gefahr für** den Weltfrieden.
This man is a danger … world peace.
❏ against   ❏ beside   ❏ to

Gegenteil – *contrary*

Im Gegenteil: ich bin ganz deiner Meinung.
… the contrary: I fully agree with you.
❏ At   ❏ In   ❏ On

geschehen – *happen*

Was ist danach **mit** ihm **geschehen**?
What happened … him afterwards?
❏ by   ❏ to   ❏ with

Geschwindigkeit – *speed*

Wir fliegen **mit einer Geschwindigkeit** von 720 kmh.
We're flying … a speed of 720 kmh.
❏ at   ❏ above   ❏ with

Gesetz – *law*

Nach dem Gesetz müssten sie es abreißen lassen.
… law they should have it pulled down.
❏ According to   ❏ By   ❏ In

Gesicht – *face*

Du hast noch etwas Marmelade **im Gesicht**.
You've still got some jam … your face.
❏ at   ❏ in   ❏ on

Gesichtspunkt – *point of view*

Unter diesem Gesichtspunkt wäre es besser zu warten.
… this point of view it would be better to wait.
❏ After   ❏ From   ❏ Out of

Gesundheit – *health*

Er ist 90 aber noch **bei guter Gesundheit**.
He's 90 but still … good health.
❏ for   ❏ in   ❏ of

Geburtstag for his **Gedanken** at **Gedicht** by **Gefahr** to **Gegenteil** On **geschehen** to **Geschwindigkeit** at **Gesetz** By **Gesicht** on **Gesichtspunkt** From **Gesundheit** in

3.2 Präpositionen

Gewalt – *force*

Sie haben die Tür **mit Gewalt** aufgebrochen.
They broke open the door ... force.
❏ *by*   ❏ *from*   ❏ *with*

gewinnen – *gain*

Sie hat durch diese Geschichte **an** Popularität **gewonnen**.
She has gained ... popularity through this business.
❏ *at*   ❏ *in*   ❏ *over*

Glas – *glass*

Ich möchte gern ein **Glas** Rotwein.
I'd like a glass ... red wine.
❏ *of*   ❏ *with*   ❏ *- (= keine Präposition)*

glauben – *believe*

Glauben die Kinder noch **an** dem Weihnachtsmann?
Do the children still believe ... Father Christmas?
❏ *at*   ❏ *in*   ❏ *on*

gleich – *the same*

Es ist **bei** mir genau **das Gleiche**.
It's exactly the same ... me.
❏ *by*   ❏ *to*   ❏ *with*

Glückwunsch – *congratulations*

Herzlichen **Glückwunsch zu** dem neuen Baby.
Congratulations ... your new baby.
❏ *for*   ❏ *on*   ❏ *to*

greifen – *reach*

Sie **griff nach** den Sternen.
She reached … the sky.
❏ after ❏ for ❏ to

Grenze – *border*

Das Haus steht genau **an der Grenze**.
The house is right … the border.
❏ in ❏ on ❏ over

Grund – *reason*

Wir favorisieren Hermann **aus mehreren Gründen**.
We are in favour of Hermann … several reasons.
❏ for ❏ from ❏ out of

gut – *good*

Das Gute an dem Plan ist, dass ich persönlich nichts tun muss.
The good thing … the plan is that I personally don't have to do anything.
❏ about ❏ in ❏ on

Janet ist sehr **gut in** Musik.
Janet is very good … music.
❏ about ❏ at ❏ on

Gewalt by **gewinnen** in **Glas** of **glauben** in **gleich** with **Glückwunsch** on **greifen** for **Grenze** on **Grund** for **gut** about, at

3.2 Präpositionen

haben – *have*

Wie viel Geld **hast** du **bei dir**?
How much money have you got … you?
❏ *by* ❏ *beside* ❏ *on*

halten – *stand*

Sie hat immer **zu** ihm **gehalten**.
She has always stood … him.
❏ *by* ❏ *to* ❏ *with*

Hand – *hand*

Ich schreibe so was lieber **mit der Hand**.
I prefer to write things like that … hand.
❏ *by* ❏ *over* ❏ *with the*

handeln – *deal*

Er hat **mit** Seidenstoffen **gehandelt**.
He dealt … silk material.
❏ *among* ❏ *in* ❏ *with*

Hass – *hatred*

Sie sagt, sie empfindet keinen **Hass auf** ihn.
She says she feels no hatred … him.
❏ *at* ❏ *for* ❏ *on*

heilen – *cure*

Ich bin da**von geheilt**. Keine Zigaretten mehr für mich.
I'm cured … it. No more cigarettes for me.
❏ *from* ❏ *of* ❏ *off*

Heilmittel – *cure*

Was gibt es für **Heilmittel gegen** Gicht?
What cures are there ... gout?
❏ against   ❏ for   ❏ to

Heirat – *marriage*

Seiner **Heirat mit** Susanne stand nun nichts mehr im Weg.
There was nothing now to stop his marriage ... Susanne.
❏ of   ❏ to   ❏ with

Himmel – *heaven*

Am Himmel war kein Stern mehr zu sehen.
There was no longer a star to be seen ... the sky.
❏ at   ❏ in   ❏ on

Im Himmel werde ich dich wohl nicht wiedersehen.
I won't see you again ... heaven, I bet.
❏ at   ❏ in   ❏ on

hindern – *prevent*

Was **hindert** uns daran, selbst alles zu organisieren?
What prevents us ... organising everything ourselves.
❏ against   ❏ from   ❏ to

---

haben on **halten** by **Hand** by **handeln** in **Hass** for **heilen** of
Heilmittel for **Heirat** to **Himmel** in, in **hindern** from

3.2 Präpositionen

Hochzeit – *wedding*

Ich habe sie **auf der Hochzeit** meines Bruders kennen gelernt.
I met her ... my brother's wedding.
❏ at   ❏ for   ❏ on

hoffen – *hope*

Wir **hoffen auf** gutes Wetter.
We're hoping ... good weather.
❏ for   ❏ on   ❏ to

Höhe – *height*

Die Explosion ereignete sich **in einer Höhe** von 7100 Metern.
The explosion happened ... a height of 7100 metres.
❏ at   ❏ in   ❏ on

hören – *hear*

Ich habe lange nichts mehr **von** ihm **gehört**.
I haven't heard ... him for a long time.
❏ about   ❏ from   ❏ of

Ich habe nie **von** dieser Organisation **gehört**.
I've never heard ... this organisation.
❏ about   ❏ from   ❏ of

Hast du **von** Peters Lotteriegewinn **gehört**?
Have you heard ... Peter's win in the lottery?
❏ about   ❏ from   ❏ around

interessant – *interesting*

Was ist so **interessant an** diesem Mann?
What is so interesting ... this man?
❏ *about*   ❏ *in*   ❏ *on*

Interesse – *interest*

Ihr **Interesse an** ihm hat merklich nachgelassen.
Her interest ... him has cooled off noticeably.
❏ *about*   ❏ *for*   ❏ *in*

Hochzeit at **hoffen** for **Höhe** at **hören** from, of, about
interessant about **Interesse** in

3.2 Test

Übersetzen Sie das Deutsche ins Englische.

1. You (*erinnerst mich an*) _____ an old friend.
2. What's (*im Fernsehen*) _____ this evening?
3. The office is (*in der 3. Etage*) _____.
4. What do you usually have (*zum Frühstück*) _____?
5. The bus (*fuhr gegen*) _____ a big tree at the side of the road.
6. Are you (*eifersüchtig auf*) _____ your colleague's success?
7. We came (*zu Fuß*) _____.
8. What do you want (*zum Geburtstag*) _____?
9. (*Auf dem Feld*) _____ there is a beautiful old oak tree.
10. What will (*geschehen mit*) _____ the building now?
11. The town is (*an der Grenze*) _____, not far from Aachen.
12. The weather got better (*gegen Ende*) _____ of the holiday.
13. It was designed (*per Hand*) _____, not on the computer.
14. She had a beautiful smile (*im Gesicht*) _____.
15. Do you (*glauben an*) _____ God?
16. He is (*fähig zu*) _____ anything.
17. I'd just like a (*Glas Wasser*) _____.
18. I can't sleep (*bei offenem Fenster*) _____.

Präpositionen von E – I

19. It was moving (*mit einer Geschwindigkeit*) _____ of over 500 kmh.

20. What route did you (*entscheiden für*) _____?

21. I think that, (*im Gegenteil*) _____, it is a very good idea.

22. Have you got the money (*bei dir*) _____?

23. What is so (*interessant an*) _____ this story?

24. (*Herzlichen Glückwunsch zu*) _____ your new job.

25. We must (*hoffen auf*) _____ better weather tomorrow.

---

[1]remind me of [2]on TV/television [3]on the third floor [4]for breakfast [5]drove into [6]jealous of [7]on foot [8]for your birthday [9]In the field [10]happen to [11]on the border [12]towards the end [13]by hand [14]on her face [15]believe in [16]capable of [17]glass of water [18]with the window open [19]at a speed [20]decide on [21]on the contrary [22]on you [23]interesting about [24]Congratulations on [25]hope for

3.3 Heißt es *at, on* oder etwa *to*?
Wendungen mit Präpositionen von J – N

Wählen Sie die richtige Lösung.

jagen – *hunt*

Die Katze **jagt nach** Mäusen auf dem Dachboden.
The cat is hunting ... mice in the attic.
❏ *after*   ❏ *at*   ❏ *for*

Jahr – *year*

Mit 58 **Jahren** hat sie ein Studium angefangen.
She started to study ... .
❏ *at 58 years*   ❏ *at the age of 58*   ❏ *with 58 years*

Kampf – *fight*

Bonzo hat sich **bei einem Kampf** mit einem anderen Hund verletzt.
Bonzo got hurt ... a fight with another dog.
❏ *by*   ❏ *in*   ❏ *over*

Karte – *map*

Laut Karte müssten wir bald da sein.
... map we should soon be there.
❏ *According*   ❏ *According to the*   ❏ *By the*

Kino – *cinema*

Wir waren gestern Abend **im Kino**.
We were ... the cinema last night.
❏ *at*   ❏ *in*   ❏ *to*

J – N   3.3

kleben – *stick*

Mein Nachbar hat einen Zettel **an** meine Tür **geklebt**.
My neighbour stuck a note … my door.
❏ *against*   ❏ *at*   ❏ *to*

kommentieren – *comment*

Ich habe deinen Redetext **kommentiert** – er liegt auf deinem Schreibtisch.
I've commented … your speech text – it's on your desk.
❏ *on*   ❏ *to*   ❏ *- (= keine Präposition)*

Konto – *account*

Wie viel Geld haben wir momentan **auf dem Konto**?
How much money have we got … the account at the moment?
❏ *at*   ❏ *in*   ❏ *on*

Ich habe ein **Konto bei** einer Online-Bank.
I've got an account … an online bank.
❏ *at*   ❏ *in*   ❏ *with*

Wir müssen etwas **auf das Konto** einzahlen.
We've got to pay some money … the account.
❏ *into*   ❏ *on*   ❏ *onto*

---

jagen for **Jahr** at the age of 58 **Kampf** in **Karte** According to the **Kino** at **kleben** to **kommentieren** on **Konto** in, with, into

3.3 Präpositionen

Konzert – *concert*

Wir waren gestern Abend **auf einem Konzert**.
We were ... a concert yesterday evening.
❏ *at*   ❏ *by*   ❏ *on*

Kreditkarte – *credit card*

Ich zahle **mit Kreditkarte**.
I'll pay ... credit card.
❏ *by*   ❏ *through*   ❏ *with*

kritisch – *critical*

Ich stehe dem Vorschlag **kritisch gegenüber**.
I'm critical ... the suggestion.
❏ *from*   ❏ *of*   ❏ *to*

Küste – *coast*

Wir wohnen **an der Küste**.
We live ... the coast.
❏ *against*   ❏ *next to*   ❏ *on*

Die Abtei liegt auf einer kleinen Insel **vor der Küste**.
The abbey is on a small island ... the coast.
❏ *before*   ❏ *by*   ❏ *off*

lachen – *laugh*

Es ist unfair, ihn **wegen** seines Akzents **auszulachen**.
It's unfair to laugh ... him because of his accent.
❏ *against*   ❏ *at*   ❏ *on*

J – N

Hinterher konnte ich **darüber lachen**.
Afterwards I was able to laugh … it.
❏ about   ❏ from   ❏ on

Lager – *stock*

Diesen Artikel haben wir zurzeit nicht **auf Lager**.
We haven't got this article … stock at the moment.
❏ inside   ❏ in   ❏ on

Land – *country*

Sie wohnen in einem Dorf **auf dem Land**.
They live in a village … the country.
❏ at   ❏ in   ❏ on

laufen – *run*

Der Hund ist mir **hinterher gelaufen**.
The dog ran … me.
❏ after   ❏ behind   ❏ beyond

Konzert at **Kreditkarte** by **kritisch** of **Küste** on, off **lachen** at, at **Lager** in **Land** in **laufen** after

3.3 Präpositionen

leben – *live*

Von $400 im Monat kann man nicht **leben**.
You can't live … $400 a month.
❏ *by*   ❏ *from*   ❏ *on*

Er **lebt von** seinen Ersparnissen.
He lives … his savings.
❏ *by*   ❏ *from*   ❏ *off*

lebenswichtig – *vital*

Diese Entscheidung ist **für** uns **lebenswichtig**.
This decision is vital … us.
❏ *by*   ❏ *to*   ❏ *with*

Leid – *sorry*

Es tut mir **Leid um** die Kinder.
I feel sorry … the children.
❏ *among*   ❏ *for*   ❏ *over*

leiden – *suffer*

Er **leidet an** Asthma.
He suffers … asthma.
❏ *from*   ❏ *of*   ❏ *off*

lernen – *learn*

Kann man wirklich **aus** seinen **Fehlern** lernen?
Can people really learn … their mistakes?
❏ *from*   ❏ *off*   ❏ *out of*

Liebe – *love*

Seine **Liebe zu** ihr war größer als seine Liebe zum Geld.
His love ... her was stronger than his love of money.
❏ after   ❏ for   ❏ to

Er hat nicht **aus Liebe** geheiratet.
He didn't marry ... love.
❏ by   ❏ for   ❏ over

Lied – *song*

Von wem ist dieses **Lied**?
Who is the song ...?
❏ by   ❏ from   ❏ of

links – *left*

Wir wohnen **links von** der Kirche.
We live ... the church.
❏ in the left of   ❏ left from   ❏ to the left of

Luftpost – *air mail*

Ich möchte das Paket **per Luftpost** verschicken.
I'd like to send the parcel ... air mail.
❏ by   ❏ per   ❏ with

---

leben on, off **lebenswichtig** to **Leid** for **leiden** from **lernen** from **Liebe** for, for **Lied** by **links** to the left of **Luftpost** by

3.3 Präpositionen

Mal – *time*

Diese Reise mache ich jetzt **zum** achten **Mal**.
I'm doing this journey now ... the eighth time.
❏ *at*   ❏ *for*   ❏ *to*

Mangel – *lack*

Wir mussten **aus Mangel an** Zeit aufgeben.
We had to give up ... time.
❏ *for lack of*   ❏ *from lack of*   ❏ *under lack from*

Mantel – *coat*

Wer ist diese Dame **mit** dem roten **Mantel**?
Who's that lady ... the red coat.
❏ *by*   ❏ *in*   ❏ *under*

Markt – *market*

Unser Gemüse kaufen wir immer **auf dem Markt**.
We always buy our vegetables ... the market.
❏ *at*   ❏ *by*   ❏ *down*

Meer – *sea*

Ich wohne gern **am Meer**.
I like living ... the sea.
❏ *at*   ❏ *by*   ❏ *on*

meinen – *mean*

Was hat sie **mit** „kostengünstig" genau **gemeint**?
What did she mean exactly ... "cheaply"?
❏ *by*   ❏ *through*   ❏ *with*

J – N 3.3

Meinung – *opinion*

Meiner **Meinung nach** essen wir alle zu viel.
... my opinion we all eat too much.
❏ According to   ❏ By   ❏ In

Militär – *army*

Unser Sohn ist zurzeit **beim Militär**.
Our son is ... the army at present.
❏ at   ❏ by   ❏ in

Minute – *minute*

Wir haben **in letzter Minute** gebucht.
We booked ... the last minute.
❏ at   ❏ in   ❏ on

misstrauisch – *suspicious*

Ich bin **misstrauisch gegenüber** seinen Absichten.
I'm suspicious ... his intentions.
❏ at   ❏ of   ❏ towards

Mitglied – *member*

Ich bin **Mitglied in** einem Schachklub.
I'm ... a chess club.
❏ a member in   ❏ a member of   ❏ member in

Mal for **Mangel** for lack of **Mantel** in **Markt** at **Meer** by **meinen** by **Meinung** In **Militär** in **Minute** at **misstrauisch** of **Mitglied** a member of

3.3 Präpositionen

multiplizieren – *multiply*

Jetzt müssen wir noch das Ergebnis **mit** sechs **multiplizieren**.
And now we have to multiply the result ... six.
❏ *by*   ❏ *about*   ❏ *with*

Musik – *music*

Das ist **Musik in meinen Ohren**.
That's music ... my ears.
❏ *in*   ❏ *into*   ❏ *to*

Nachrichten – *news*

Das habe ich **in den Nachrichten** gehört.
I heard it ... the news.
❏ *at*   ❏ *by*   ❏ *on*

Name – *name*

Ich kenne sie **dem Namen nach**.
I know her ... name.
❏ *according to*   ❏ *after*   ❏ *by*

Kennen Sie einen Ort **mit dem Namen** Slaughter?
Do you know a place ... Slaughter?
❏ *by the name of*   ❏ *by name*   ❏ *with name*

Natur – *nature*

Diese Tiere sind **von Natur aus** scheu.
These animals are shy ... nature.
❏ *by*   ❏ *from*   ❏ *out of*

Neid – *envy*

Sie waren alle **gelb vor Neid**.
They were all green [!] ... envy.
❑ for   ❑ from   ❑ with

Neujahr – *New Year*

Zu Neujahr wollen wir dann verreisen.
And then ... New Year we want to go away.
❑ at   ❑ in   ❑ on

Nostalgie – *nostalgia*

Der Geruch weckte **Nostagie nach** längst vergangenen Zeiten.
The smell aroused nostalgia ... times long since past.
❑ at   ❑ for   ❑ of

Null – *zero*

Es sind drei Grad **über/unter Null**.
It is [!] three degrees ... zero.
❑ above/below   ❑ over/under   ❑ above/under

Nummer – *number*

Ruf mich **unter dieser Nummer** an.
Call me ... this number.
❑ at   ❑ by   ❑ under

---

mutiplizieren by **Musik** to **Nachrichten** on **Name** by, by the name of **Natur** by **Neid** with **Neujahr** at **Nostalgie** for **Null** above/below **Nummer** at

3.3 Test

Korrigieren Sie die durchgestrichenen Präpositionen.

1. We went ~~in~~ __to__ the movies yesterday evening.
2. Tonight we're going ~~in~~ __to__ a jazz concert.
3. It's an old song ~~from~~ __by__ the Beatles.
4. He suffers ~~on~~ __from__ bad headaches.
5. It's a nice little town ~~at~~ __on__ the coast.
6. It won't stick ~~at~~ __to__ this surface.
7. I'll pay ~~with~~ __by__ credit card, please.
8. Multiply the production costs ~~with~~ __by__ six and you've got the selling price.
9. How long have you been a member ~~in~~ __of__ this orchestra?
10. I don't think I'd like to live ~~on~~ __in__ the country.
11. Afterwards I was able to laugh ~~over~~ __about__ it.
12. We made our decision ~~in~~ __at__ the last minute.
13. We nearly always spend our holidays ~~on~~ __at__ the sea.
14. She started to learn to dance ~~in~~ __at__ the age of three.
15. Have you heard of a product ~~with~~ __by__ the name of Prosleep?
16. The museum is to the left ~~in~~ __of__ the town hall.
17. She was green ~~for~~ __with__ envy when I told her.
18. They invested the money and lived ~~from~~ __on__ the interest.
19. It's only 1 degree ~~over~~ __above__ zero here, and it's snowing.
20. Do people really learn ~~off~~ __from__ their mistakes?
21. Their son is a major ~~by~~ __in__ the army.

Präpositionen von J – N 3.3

22 How much money will be left ~~on~~ _____ our bank account after we've paid?

23 What do you mean ~~with~~ _____ "soon"?

24 You can reach me ~~under~~ _____ this number: 01470 25083.

25 Sorry, we don't have that model ~~on~~ _____ stock at the moment.

---

¹to ²to ³by ⁴from ⁵by/on ⁶on ⁷by ⁸by ⁹of ¹⁰in ¹¹about ¹²at ¹³by ¹⁴at ¹⁵by ¹⁶of ¹⁷with ¹⁸off ¹⁹above ²⁰from ²¹in ²²in ²³by ²⁴at ²⁵in

3.4 Präpositionen

3.4 Heißt es *at*, *on* oder etwa *to*?
Wendungen mit Präpositionen von O – S

Wählen Sie die richtige Lösung.

offensichtlich – *obvious*

Es war **offensichtlich für** jeden, der die Entwicklung der Firma verfolgt hatte.
It was obvious ... anyone who had followed the firm's development.
❏ from ❏ on ❏ to

ordnen – *arrange*

Wir **ordnen** die Bücher **nach** Alter.
We'll arrange the books ... age.
❏ after ❏ by ❏ from

Ostern – *Easter*

Zu Ostern bleiben wir zu Hause.
We're staying at home ... Easter.
❏ at ❏ in ❏ on

passen – *go*

Die Schuhe **passen** nicht **zu** dem Kleid.
The shoes don't go ... the dress.
❏ on ❏ to ❏ with

Plan – *plan*

Alles läuft **nach Plan**.
Everything is going ... plan.
❏ according to ❏ by ❏ on

Platz – *place*

Ist nun alles **am** richtigen **Platz**?
Now, is everything ... the right place?
❏ *at*   ❏ *in*   ❏ *on*

Polizeiwache – *police station*

Sie hielten ihn **auf der Polizeiwache** fest.
They held him ... the police station.
❏ *at*   ❏ *in*   ❏ *on*

prallen – *crash*

Das zweite Auto **prallte gegen** einen Baum.
The second car crashed ... a tree.
❏ *against*   ❏ *at*   ❏ *into*

Preis – *price, cost*

Eine ausführliche Broschüre ist erhältlich **zum Preis von** $3.
A full brochure is available ... $3.
❏ *at the price of*   ❏ *for price from*   ❏ *to the price of*

Das müssen wir **um jeden Preis** vermeiden.
We must avoid that ... all costs.
❏ *at*   ❏ *by*   ❏ *on*

---

offensichtlich to **ordnen** by **Ostern** at **passen** with
Plan according to **Platz** in **Polizeiwache** at **prallen** into
Preis at a price of, at

3.4 Präpositionen

Quelle – *source*

Diese Informationen habe ich **aus** verschiedenen **Quellen**.
I got this information ... various sources.
❏ *at*   ❏ *from*   ❏ *out of*

Radio – *radio*

Das habe ich **im Radio** gehört.
I heard it ... the radio.
❏ *at*   ❏ *in*   ❏ *on*

Rat – *advice*

Das habe ich **auf Ihren Rat hin** getan.
I did it ... your advice.
❏ *from*   ❏ *off*   ❏ *on*

Reaktion – *reaction*

Als **Reaktion auf** die Proteste wurde der Botschafter zurückberufen.
The ambassador was recalled as a reaction ... the protests.
❏ *at*   ❏ *on*   ❏ *to*

Rechnung – *bill*

Wir schicken eine **Rechnung über** den ersten Teil der Arbeiten.
We're sending a bill ... the first part of the job.
❏ *across*   ❏ *for*   ❏ *over*

Regel – *rule*

In der Regel gibt es keine Probleme.
... rule there are no problems.
❏ *As a*   ❏ *In the*   ❏ *On the*

(Rund-)Reise – *tour*

Wir haben eine **(Rund-)Reise durch** Nordafrika vor.
We're planning a tour ... North Africa.
❏ of   ❏ through   ❏ to

relevant – *relevant*

Diese Frage ist nicht **relevant für** uns.
This question is not relevant ... us.
❏ at   ❏ by   ❏ to

retten – *save, rescue*

Ein paar antike Stücke konnte man **vor** den Flammen **retten**.
They managed to save a few antique pieces ... the flames.
❏ before   ❏ from   ❏ off

riechen – *smell*

Es **riecht** hier stark **nach** Knoblauch.
It smells strongly ... garlic here.
❏ after   ❏ of   ❏ with

Risiko – *risk*

Das machen sie **auf** eigenes **Risiko**.
They're doing it ... their own risk.
❏ at   ❏ by   ❏ on

Quelle from **Radio** on **Rat** on **Reaktion** to **Rechnung** for **Regel** As a **Reise** of **relevant** to **retten** from **riechen** of **Risiko** at

3.4 Präpositionen

Rückgang – *decrease*
Wie sehen einen **Rückgang an** (der Anzahl von) Direktbestellungen.
We are seeing a decrease ... the number of direct orders.
❏ about ❏ in ❏ on

Ruhe – *leisure*
Das wollen wir uns **in aller Ruhe** anschauen.
We're going to look at it ... leisure.
❏ at ❏ in ❏ on

Saison – *season*
Außerhalb der Saison finde ich es schöner hier.
I like it better here ... season.
❏ out the ❏ out of ❏ outside

Schaden – *damage*
Der Sturm richtete **Schäden an** vielen Gebäuden an.
The storm caused damage ... many buildings.
❏ at ❏ on ❏ to

sich schämen – *be ashamed*
Ich **schäme mich wegen** dir.
I'm ashamed ... you.
❏ at ❏ of ❏ on

Scheck – *cheque*
Er überreichte einen **Scheck über** $500.
He handed over a cheque ... $500.
❏ about ❏ for ❏ over

Ich zahle **per Scheck**.
I'll pay ... cheque.
❏ *by*   ❏ *per*   ❏ *with*

schlecht – *bad*

Ich war schon immer **schlecht in** Mathe.
I've always been bad ... maths.
❏ *at*   ❏ *in*   ❏ *with*

schmecken – *taste*

Dieses Pizza **schmeckt nach** nichts.
This pizza doesn't taste ... anything.
❏ *about*   ❏ *of*   ❏ *to*

schützen – *protect*

Wir müssen die Blumen **vor** dem Frost **schützen**.
We must protect the flowers ... the frost.
❏ *against*   ❏ *before*   ❏ *from*

See – *lake*

Die Stadt liegt **am** Ontariosee.
The town is ... Lake Ontario.
❏ *at*   ❏ *next to*   ❏ *on*

Rückgang in **Ruhe** at **Saison** out of **Schaden** to **sich schämen** of **Scheck** for, by **schlecht** at **schmecken** of **schützen** from **See** on

3.4 Präpositionen

Sehen – *sight*

Ich kenne sie **vom Sehen**.
I know her ... sight.
❑ at   ❑ by   ❑ on

sehnen – *long*

Ich **sehne** mich **nach** ein bisschen Sonne.
I'm longing ... a bit of sunshine.
❑ after   ❑ at   ❑ for

Sicht – *run*

Wir werden **auf lange Sicht** größere Räume brauchen.
We're going to need larger rooms ... the long run.
❑ in   ❑ on   ❑ to

skeptisch – *sceptical*

Ich bin **skeptisch gegenüber** dieser Entwicklung.
I'm sceptical ... this development.
❑ at   ❑ on   ❑ of

Sonnenaufgang /-untergang – *dawn/dusk*

Es bot sich **bei Sonnenaufgang/-untergang** ein unbeschreibliches Panorama.
There was an unbelievable panorama ... sunrise/sunset.
❑ at   ❑ by   ❑ on

Spaß – *fun*

Ich habe es nur **aus Spaß** getan.
I did it just ... fun.
❏ *for* ❏ *from* ❏ *out of*

spezialisieren – *specialise*

Sie sind **auf** Musikinstrumente **spezialisiert**.
They specialize ... musical instruments.
❏ *at* ❏ *in* ❏ *on*

Stadium – *stage*

Wir sind noch **im** Planungs**stadium**.
We're still ... the planning stage.
❏ *at* ❏ *by* ❏ *on*

starren – *stare*

Er **starrte** mich **an**.
He stared ... me.
❏ *at* ❏ *on* ❏ *to*

Er **starrte** mir **hinterher**.
He stared ... me.
❏ *after* ❏ *behind* ❏ *beyond*

Sehen by **sehnen** for **Sicht** in **skeptisch** of **Sonnenaufgang** at
Spaß for **spezialisieren** in **Stadium** at **starren** at, after

3.4 Präpositionen

sterben – *die*

Sie ist **an** Krebs **gestorben**.
She died ... cancer.
❏ *of* ❏ *off* ❏ *on*

Stimme – *voice*

Mit lauter **Stimme** forderte er alle auf, sich zu erheben.
... a loud voice he called on everyone to get up.
❏ *By* ❏ *In* ❏ *Under*

stimmen – *vote*

Sie **stimmten mit** 7 zu 4 für das Projekt.
They voted in favour of the project ... 7 votes to 4.
❏ *by* ❏ *from* ❏ *with*

stolz – *proud*

Er war sehr **stolz auf** sie.
He was very proud ... her.
❏ *in* ❏ *of* ❏ *on*

Strand – *beach*

Die Kinder waren den ganzen Tag **am Strand**.
The children were ... the beach all day.
❏ *in* ❏ *on* ❏ *to*

Straße – *street*

Wir sind uns **auf der Straße** begegnet.
We met ... the street.
❏ *across* ❏ *at* ❏ *in*

Streit – *quarrel*

Sie hat ihn **bei** einem **Streit** angespukt.
She spat at him ... a quarrel.
❏ *by*   ❏ *in*   ❏ *on*

Stück – *play*

Nenn mir ein **Stück von** Shakespeare.
Name a play ... Shakespeare.
❏ *by*   ❏ *from*   ❏ *through*

Suche – *search*

Er ist (weggegangen) **auf der Suche nach** einem Zeitungsladen.
He went off ... a newsagent's.
❏ *in the look for*   ❏ *in search of*   ❏ *on the look for*

süchtig – *addicted*

Er ist **nach** dieser Sendung richtig **süchtig**.
He's really addicted ... this programme.
❏ *at*   ❏ *on*   ❏ *to*

---

sterben of **Stimme** In **stimmen** by **stolz** of **Strand** on **Straße** in **Streit** in **Stück** by **Suche** in search of **süchtig** to

3.4 Test

Test

Übersetzen Sie das Deutsche ins Englische.

1. I heard it (*im Radio*) _____.
2. He's (*schlecht in*) _____ maths, but his languages are very good.
3. I only said it like that (*aus Spaß*)_____.
4. We're going to France (*zu Ostern*)_____.
5. We (*sind spezialisiert auf*) _____ leather imports.
6. They've sent a (*Rechnung über*) _____ $3500.
7. We must avoid it (*um jeden Preis*)_____.
8. People (*starren mich an*) _____ when I wear it in the street.
9. I know them (*vom Sehen*) _____ but I don't know their names.
10. We're going on a (*Rundreise durch*) _____ Scotland in September.
11. This white bread (*schmeckt nach*) _____ nothing.
12. It was (*offensichtlich für*) _____ me that they'd just got out of bed.
13. He (*starb an*) _____ a heart attack.
14. If you do that, it is (*auf eigenes Risiko*)_____.
15. The ruins looked magnificent (*bei Sonnenuntergang*)_____.
16. What was their (*Reaktion auf*) _____ the news?
17. But we bought them (*auf Ihrem Rat hin*)_____.
18. Can I pay (*per Euroscheck*)_____?

Präpositionen von O – S

19 Everything went very smoothly and (*nach Plan*) _____.

20 I (*sehne mich nach*) _____ a drink.

21 It (*riecht nach*) _____ smoke, don't you think?

22 I (*schäme mich wegen*) _____ what I did.

23 Everything is (*am richtigen Platz*) _____.

24 (*In der Regel*) _____ there are no problems.

25 I'm very (*stolz auf*) _____ you.

---

[1]on the radio [2]bad at [3]for fun [4]at/for Easter [5]specialize/specialise in [6]bill for [7]at all costs [8]stare at me [9]by sight [10]tour of [11]tastes of [12]obvious to [13]died of [14]at your own risk [15]at sunset/dusk [16]reaction to [17]on your advice [18]by eurocheque [19]according to plan [20]am longing for [21]smells of [22]am ashamed of [23]in the right place [24]As a rule [25]proud of

3.5 Präpositionen

3.5 Heißt es *at, on* oder etwa *to*?
Wendungen mit Präpositionen von T – Z

Wählen Sie die richtige Lösung.

Tag – *day*

Eulen schlafen **am Tag**.
Owls sleep ... the day(time).
❏ at ❏ by ❏ in

Es sind 40 Jahre her **auf den Tag** genau.
It's 40 years ago ... the day.
❏ at ❏ on ❏ to

tauschen – *exchange*

Ich möchte es **gegen** ein größeres Modell ein**tauschen**.
I'd like to exchange it ... a larger model.
❏ against ❏ for ❏ to

teilnehmen – *take part*

Wir **nehmen** zum ersten Mal **an** dem Festival **teil**.
We're taking part ... the festival for the first time.
❏ by ❏ in ❏ on

Telefon – *telephone*

Sie werden **am Telefon** verlangt.
You're wanted ... the telephone.
❏ at ❏ by ❏ on

Temperatur – *temperature*

Es fing alles **bei einer Temperatur** von 350° zu schmelzen an.
... a temperature of 350° everything began to melt.
❏ At ❏ By ❏ In

Tinte – *ink*

Bitte **mit Tinte** schreiben.
Please write ... ink.
❏ by ❏ in ❏ with

Tisch – *table, lunch*

Es tut mir Leid, sie ist **zu Tisch**.
I'm sorry, she's ... lunch.
❏ at ❏ by ❏ to

Wir saßen alle **bei Tisch**.
We were all ... table.
❏ at ❏ by ❏ on

Tod – *death*

Bei seinem **Tod** ging der Besitz auf seine Töchter über.
... his death the property passed to his daughters.
❏ By ❏ On ❏ To

Tag in, to **tauschen** for **teilnehmen** in **Telefon** on **Temperatur** At **Tinte** in **Tisch** at, at **Tod** On

3.5 Präpositionen

träumen – *dream*

Er **träumte** wie viele Menschen **von** Ruhm und Reichtum.
Like many people he dreamt … fame and riches.
❏ *at*   ❏ *from*   ❏ *of*

trennen – *part*

Es gibt einige Stücke, **von** denen ich mich nur schwer **trennen** kann.
There are some pieces I find it hard to part … .
❏ *from*   ❏ *off*   ❏ *with*

typisch – *typical*

Diese Art von Brief ist **typisch für** ihn.
This kind of letter is typical … him.
❏ *for*   ❏ *of*   ❏ *with*

übernachten – *stay the night, overnight*

Wir **übernachten bei** Freunden.
We're staying/overnighting … friends.
❏ *by*   ❏ *over*   ❏ *with*

übersetzen – *translate*

Übersetzen aus dem Englischen **ins** Deutsche ist leichter als umgekehrt.
Translating … English … German is easier than the other way round.
❏ *from … into*   ❏ *out of … to*   ❏ *off … into*

Uhr – *watch, clock*

Nach meiner Uhr ist es schon Mitternacht.
It's already midnight … my watch.
❏ *after*   ❏ *by*   ❏ *over*

T – Z

umtauschen – *change*

Ich möchte den Pullover **gegen** eine andere Farbe **umtauschen**.
I'd like to change the pullover ... another colour.
❏ *against*   ❏ *for*   ❏ *to*

Unfall – *accident*

Er wurde **bei einem Unfall** schwer verletzt.
He was badly injured ... an accident.
❏ *at*   ❏ *by*   ❏ *in*

ungewöhnlich – *unusual*

Das **Ungewöhnliche an** dem Haus ist das flache Dach.
The unusual thing ... the house is the flat roof.
❏ *about*   ❏ *at*   ❏ *by*

Universität – *university*

Auf der Universität haben wir nur Theorie gelernt.
... university we only learned theory.
❏ *At*   ❏ *By*   ❏ *On*

---

träumen of trennen with typisch of übernachten with übersetzen from ... into Uhr by umtauschen for Unfall in ungewöhnlich about Universität At

3.5 Präpositionen

verärgert – *annoyed*

Ich war **über meinen Mann** sehr verärgert.
I was very annoyed … my husband.
❏ from   ❏ over   ❏ with

verbergen – *conceal*

Sie hat versucht, **vor** ihrer Mutter alles zu **verbergen**.
She tried to conceal everything … her mother.
❏ before   ❏ for   ❏ from

verhaften – *arrest*

Er wurde **wegen** Mordversuch **verhaftet**.
He was arrested … attempted murder.
❏ because of   ❏ for   ❏ from

verheiratet – *married*

Sie ist **mit** einem Libanesen **verheiratet**.
She is married … a Lebanese man.
❏ into   ❏ to   ❏ with

Verkauf – *sale*

Das Haus steht **zum Verkauf**.
The house is … sale.
❏ at   ❏ for   ❏ up

verlieben – *fall in love*

Sie hat sich **in** das Haus gleich **verliebt**.
She fell in love … the house at once.
❏ at   ❏ to   ❏ with

verschwenden – *waste*

Warum **verschwendet** er Zeit und Geld **für** sowas?
Why does he waste time and money ... things like that?
❏ by   ❏ for   ❏ on

Versehen – *mistake*

Es tut mir Leid; es geschah **aus Versehen**.
I'm sorry; it happened ... mistake.
❏ by   ❏ from   ❏ of

verstecken – *hide*

Die Schokolade müssen wir **vor** den Kindern **verstecken**.
We have to hide the chocolate ... the children.
❏ before   ❏ for   ❏ from

verstehen – *understand*

Was **verstehen** Sie **unter** „schnell"?
What do you understand ... "quickly"?
❏ by   ❏ under   ❏ with

Vorteil – *advantage*

Man ist **im Vorteil**, wenn man mit dem Rücken zum Fenster sitzt.
You're ... an advantage if you sit with your back to the window.
❏ at   ❏ in   ❏ with

---

verärgert with **verbergen** from **verhaften** for **verheiratet** to **Verkauf** for **verlieben** with **verschwenden** on **Versehen** by **verstecken** from **verstehen** by **Vorteil** at

3.5 Präpositionen

Wahrscheinlichkeit – *probability*
Aller Wahrscheinlichkeit nach kommen wir erst am Samstag.
... all probability we won't be coming until Saturday.
❏ According to   ❏ By   ❏ In

Wand – *wall*
Ein Kalender mit Bildern aus Alaska hing **an der Wand**.
A calendar with pictures of Alaska hung ... the wall.
❏ against   ❏ at   ❏ on

warnen – *warn*
Er wurde **vor** den möglichen Risiken **gewarnt**.
He was warned ... the possible risks.
❏ for   ❏ of   ❏ over

Welt – *world*
Es ist das größte Eisstadion **auf der Welt**.
It's the biggest ice stadium ... the world.
❏ in   ❏ on   ❏ over

Wetter – *weather*
Sie ist **bei** jedem **Wetter** draußen.
She is outside ... all weathers.
❏ by   ❏ in   ❏ with

willen – *sake*
Um Himmels Willen tu es nicht!
Don't do it ... heaven's sake.
❏ by   ❏ for   ❏ over

T – Z   3.5

willkommen – *welcome*

Willkommen in London.
Welcome … London.
❏ at   ❏ in   ❏ to

Wort – *word*

Mit anderen Worten du glaubst ihm nicht.
… other words you don't believe him.
❏ By   ❏ In   ❏ With

Ich habe ihn **beim Wort genommen**.
I took him … his word.
❏ at   ❏ by   ❏ on

Wunsch – *desire*

Der **Wunsch nach** etwas Feinem zum Essen war sehr stark.
The desire … something nice to eat was very strong.
❏ after   ❏ at   ❏ for

Zahl – *number*

Wir waren nur wenige **an der Zahl**.
We were few … number.
❏ at   ❏ by   ❏ in

Wahrscheinlichkeit In **Wand** on **warnen** of **Welt** in **Wetter** in **willen** for **willkommen** to **Wort** In, at **Wunsch** for **Zahl** [1]in

3.5 Präpositionen

zählen – *count*

Zähle bis zehn und überlege dir gut, was du sagen willst.
Count ... 10 and think carefully about what you want to say.
❏ *till*   ❏ *to*   ❏ *until*

Zeit – *time*

Mit der Zeit werden Sie verstehen, was ich meine.
... time you'll understand what I mean.
❏ *After*   ❏ *In*   ❏ *Over*

Zu dieser **Zeit** wussten wir nichts von unserem Gewinn.
... the time we knew nothing about our win.
❏ *At*   ❏ *By*   ❏ *On*

Zeitpunkt – *date*

Wir kommen **zu einem späteren Zeitpunkt** auf Sie zurück.
We'll get back to you ... a later date.
❏ *at*   ❏ *by*   ❏ *on*

Ziel – *destination*

Das Paar ist **mit unbekanntem Ziel** abgereist.
The couple have left ... an unknown destination.
❏ *for*   ❏ *to*   ❏ *with*

zielen – *aim*

Wir **zielen auf** eine Steigerung von 10%.
We're aiming ... an increase of 10%.
❏ *for*   ❏ *onto*   ❏ *to*

T – Z 3.5

zittern – *tremble*

Das Kind **zitterte vor** Kälte.
The child was trembling ... cold.
❏ *by*   ❏ *for*   ❏ *with*

zu Hause – *at home*

Tanja ist nicht da, sie ist **bei einer Freundin**.
Tanja isn't here, she's ... a friend's (house).
❏ *at*   ❏ *by*   ❏ *over*

Zufall – *chance*

Ich habe es **per Zufall** entdeckt.
I discovered it ... chance.
❏ *by*   ❏ *per*   ❏ *through*

Zug – *train*

Wir sind **mit dem Zug** gekommen.
We came ... train.
❏ *by*   ❏ *by the*   ❏ *in*

Zunahme – *increase*

Wir beobachten zurzeit eine **Zunahme an** solchen Delikten.
We are seeing an increase ... offences like these.
❏ *at*   ❏ *in*   ❏ *with*

---

zählen to **Zeit** In, At **Zeitpunkt** at **Ziel** for **zielen** for **zittern** with **zu Hause** at **Zufall** by **Zug** by **Zunahme** in

3.5 Test

Korrigieren Sie die durchgestrichenen Präpositionen.

1. How many teams are taking part ~~at~~ _____ the competition?
2. You're wanted ~~at~~ _____ the telephone.
3. Can you translate that ~~in~~ _____ German for me, please?
4. I hurt my knee ~~by~~ _____ a car accident two years ago.
5. The dog was dreaming ~~from~~ _____ mountains of sausages.
6. Many people are married ~~with~~ _____ people they met at work.
7. Don't waste your money ~~for~~ _____ things like that.
8. It won't be easy. I think I should warn you ~~for~~ _____ the risks.
9. It's one of the biggest car factories ~~on~~ _____ the world.
10. What do you understand ~~with~~ _____ "a short period of time"?
11. Welcome ~~in~~ _____ Bad Ems!
12. ~~By~~ _____ her death the firm passed to her two sons.
13. Maybe there'll be another chance ~~on~~ _____ a later date.
14. He was arrested ~~because~~ _____ fraud *(Betrug)*.
15. Jimmie is staying the night ~~by~~ _____ a friend's.
16. The unusual thing ~~at~~ _____ the letter is that it is so inaccurate.
17. She didn't accept, ~~with~~ _____ other words she said no.
18. Close your eyes and count ~~until~~ _____ ten.
19. Can I change this ~~against~~ _____ a larger size, please?
20. The home team is always ~~in~~ _____ an advantage.
21. I think we should hide it ~~before~~ _____ him.
22. Please complete the form ~~with~~ _____ ink, not pencil.
23. We're aiming ~~to~~ _____ a price under £20.
24. I'm sorry. It happened ~~from~~ _____ mistake.
25. There has been a small increase ~~on~~ _____ the number of complaints.

¹in ²on ³into ⁴in ⁵of ⁶to ⁷on ⁸of/about ⁹in ¹⁰by ¹¹to ¹²On ¹³at ¹⁴for ¹⁵at ¹⁶about ¹⁷in ¹⁸to ¹⁹for ²⁰at ²¹from ²²in ²³for/at ²⁴by ²⁵in

Register

Dieses Register enthält die deutschen Stichwörter von Kapitel 1 und die wichtigsten grammatikalischen Stichwörter von Kapitel 2. Die angegebenen Ziffern sind Seitenzahlen.

A
abhängen von 151
ADJEKTIV 183
ADVERB 183
Aktion 78
aktuell 78
Allee 79
allein 10
Alternative 176
Ambulanz 79
anfangen 173
Angst haben 176
annoncieren 79
Appetit: guten ~ 98
Arbeit 36
Arm: auf den ~ nehmen 98
aufgeben 173
aufhören 173
auflegen (Telefon) 123
Auge: blaues ~ 100; unter vier ~n 98
Auslandsflug 109
ausschlafen 118
aussehen 151, 184
aussteigen 36

B
bar 99
bedauern
bedeuten 151
BEDINGUNGSSÄTZE 180
beißen 11
bekommen 80
bemerken 37
bequem 38

Beruf: von ~ 99; ~sverkehr 126
besitzen 151
besprechen 173
besser gesagt 117
bestehen 177
bestellen 38
bestreiten 173
besuchen 39
Bewegung: keine ~ 99
bewusst 100
bezahlen 40
bis 40
bitte 41
blamieren 80
bleiben 42, 184
blinken 80
Boden 42
Branche 81
braten 43
brauchen 44, 151
brav 81
bringen 11; mit sich ~ 173
Brot 11

C
Chancen 176
Chef 81
City 81

D
dagegen haben 173
danke 100
Daten 44
dauern 45
Daumen halten 101
delikat 12
denken 177
dick 12
Direktion 82
do 154

E
egal 101
Einbrecher 101

EINFACHE FORM 150
einsteigen 36
Einzugsparty 102
empfehlen 173
Ende: zu ~ tun 173
eng 45
engagiert 82
englisch (Steak) 121
entscheiden: sich ~
Entscheidung treffen 102
entschuldigen Sie 46
entschuldigen: sich ~ 176
Entschuldigung 46
erinnern: sich ~ 46, 151
Erinnerung 47
erkennen 47, 151
erscheinen 151
erwägen 173
erwähnen 173; man braucht nicht extra zu ~ 102
eventuell 82

F
Fabrik 83
fähig 176
fahren 48
Fall: auf alle Fälle 103
falsch 13
Familie 103; ~ntreffen 124
Farbe 49
fatal 83
fertig 49
Feuer 103
Fluggesellschaft 105
Flur 83
for 154
Formular 84
Fotograf 84
Fotografie 13
FRAGEBILDUNG MIT *DO* 154
Frau 50
freuen: sich ~ 177
Freunde gewinnen 104

Register

frisch 14
früher 50; ~e(r/s) 50
fühlen: sich (an)fühlen 184
Fundbüro 103

G

Gastfreundschaft 104
Gastgeber 104
Gasthaus 84, 104
Geburtstag 104
Gedanke 177
Gefahr 176
gehen 51
gehören 151
genau genommen 105
gerade Zahl 105
gern tun/haben 173
GERUNDIUM 173, 176
gesund 52; ~er Menschenverstand 106
Gewohnheit 176
gewöhnlich 52
gewöhnt 177
Gift 84
Glas 14
glauben 151
gleich 106
golden 14
Grad 106
Grenze 53
grillen 15
grob gesagt 117
groß 54
Grund 176
gut 183; etwas ~ können 176
Gutenachtgeschichte 107
Gymnasium 85
Gymnastik 16

H

haben 151
halb 107
Halsschmerzen 119
Handy 85
Happy-End 102
hard, hardly 183
hassen 151
Haus 16; ~arzt 107; ~meister 85; ~tür 107
helfen 17
hellichter Tag 122
herzlich 108
Heuschnupfen 119
hinauszögern 173
historisch 137
Hochschule 86
Hochzeitsreise 108
hören 55

I

Idee 176
idiotensicher 109
IF-SÄTZE 180
ING-FORM 173, 176
Inlandsflug 109
interessiert 176
irritieren 86

J

Jahr 109
jede(r/s) zweite(r/s) 129

K

Karte 17
Kaution 86
Keks 87
kennen 151
Klassentreffen 124
klassisch 133
Kleckerbeträge 99
klein 56
klingen 151, 184
kochen 18
komfortabel 87
Komma 18
kommen 19
KONDITIONALSÄTZE 180
konsequent 87
kontrollieren 88
konzentrieren: sich ~ 177
Konzept 88
kosten 151
Kosten: auf jds. ~ 110
krank 57
Kritik 88
Küche 20
kurz: über ~ oder lang 110
Kürze: in ~ 110
kürzlich 110

L

lange schlafen 118
late, lately 183
laut sagen 117
lebend 57
legen 140
Lehrer/in 58
leicht 58; ~ fallen 110
leid: es ~ sein 176
leihen 20
lernen 21, 150
Leseratte 111
letzte(r/s): in ~r Zeit 129
Leuchtturm 124
lieber tun/haben 173
liegen 140
Linienflug 111
links oben/unten 112
Lust 89; ~ haben 177

M

machen 59
Mädchen für alles 112
Mann 50
Mappe 89
Marke 89
Maschine 21
meinen 22, 151
Meinung 90
Menü 22
merken 37
Minus: ~ machen 112; im ~ 115

Register

mögen 151
Möglichkeit 176
Mondschein 120
Mörder 90
Motor 23

N
Nachrichtensprecher/in 120
nächste(r/s) 23; in ~r Zeit 129
Nachteil 176
Nationalhymne 108
Natur 24; ~kost 113
neben 133
neueste(r/s) 24
Note 90
Notiz 90
null 24

O
oben: links/rechts ~ 112
Ofen 25
Oldtimer 91
Ostsee 114

P
Paar 26
Paket 91
parkende Autos 114
Parkuhr 125
Party feiern 114
passen 61
PAST TENSE 166
Pause 26
PERFEKT 166
Personal 91
Phrase 92
Platz 62
plump 92
Plus: im ~ 115
Politik 27
Preis 141; um jeden ~ 115
PRESENT PERFECT 166, 170
Privatfernsehen 115

Programm 27
Promotion 92
Prospekt 92
protestieren 177
Provision 93

R
Rat 132
raten 132
rauben 28
rechts oben/unten 112
Rede halten 116
Reise 63
Reklamation 93
Rente 93
Rezept 142
riechen 151, 184
Risiko 176; ~ eingehen 116
riskieren 173
Rückseite 120
Ruhe: jdn. in ~ lassen 116
ruhig 64

S
sagen 64, 117
Salat 28
Salzkartoffeln 117
saurer Regen 118
schaffen: es ~ 177
scharf 29
Schatten 65, 143
schauen 66
scheinen 184
Schiff 29
schlafen 67, 118
Schlaflied 111
schlecht: etwas ~ können 176
schmal 94
schmecken 119, 184
Schmerzmittel 113
schnell 68
schreiben 120
schwer 68

Schwester 30
sehen 66, 151
sein 151, 184
seit 70
selbstbewusst 100
sensibel 94
since 154
Soße 30
spenden 94
spezialisieren 177
Spiel 70
Sprechstunde 122
Standuhr 121
stark 71
Steak 121
steinreich 121
Steueroase/-paradies 114
stickig 94
stolz 176
Straße 71
Stück: pro ~ 122
studieren 150
sympathisch 95

T
Tablett 95
Tag 122
Tante-Emma-Laden 123
Technik 31
Telefon: ans ~ gehen 123
Test schreiben 120
tragen 72
träumen 177
Trinkwasser 128

U
üben 173
überblicken 124
überhören 124
überlegen 124, 176
übernehmen 124
übersehen 124
Überstunden 122
umhin: nicht ~ können 173
ungern tun/haben 173

Register

UNREGELMÄßIGE VERBEN 158, 162
unten: links/rechts ~ 112
unter uns gesagt 117
Unterhemd 31
Urlauber 125

V
Vaterunser 126
verändern: sich ~ 150
VERGANGENHEIT 166
vergessen 32
verlangen am Telefon 123
VERLAUFSFORM 150
VERLAUFSFORM DES PRESENT PERFECT 170
vermeiden 173
vermissen 173
VERNEINUNG MIT DO 154
verstehen 73, 151; das versteht sich von selbst 126
Vierteljahr 109
Visitenkarte 126
vor 73
vorletzte(r/s) 127
vorschlagen 173
vorstellen: sich ~ 173
Vorteil 176
Vorwahlnummer 113
vorziehen 151

W
wachsen 150
Wahl treffen 127
während 74
wandern 32
Warenhaus 95
warm 33
warnen 177
was für ... 127
weg 128
weiter 136
weiter tun 173
wenn 180
werden 184
Weste 31
wirtschaftlich 135
wissen 151
wohnen 75
Wohnungssuche 128
wollen 151
wünschen: sich ~ 151

Z
zahlen 40
Zahn: dritte Zähne 128
Zeit 129; ~ kosten 129
zugeben 173